中等职业学校教科书

历史

基础模块

世界历史

教育部组织编写

高等教育出版社·北京

本 册 主 编： 孟钟捷 姚百慧
编 写 人 员：（以姓氏笔画为序）
许 斌 杜 芳 郑楚云 孟钟捷 姚百慧 晏绍祥

图书在版编目（CIP）数据

历史：基础模块．世界历史 / 教育部组织编写．--
北京：高等教育出版社，2023.8
ISBN 978-7-04-060911-0

Ⅰ．①历… Ⅱ．①教… Ⅲ．①世界史课－中等专业学
校－教材 Ⅳ．①G634.521

中国国家版本馆CIP数据核字(2023)第130975号

历史 基础模块 世界历史

教育部组织编写

责任编辑 徐松巍 刘卓伟
封面设计 赵 阳
责任绘图 黄云燕
版式设计 姜 磊
责任校对 陈 杨
责任印制 赵义民

出　　版 高等教育出版社
社　　址 北京市西城区德外大街4号
邮政编码 100120
网　　址 http://www.hep.edu.cn
http://www.hep.com.cn
重印发行 中国劳动社会保障出版社
印　　刷 三河市华骏印务包装有限公司
开　　本 880 mm × 1240 mm 1/16
印　　张 9
字　　数 180千字
购书热线 010-64962655
咨询电话 400-606-6496
版　　次 2023年8月第1版
印　　次 2023年8月第1次印刷
定　　价 12.60元

物料号 60911-00
审图号 GS (2023) 1936号

目 录

第一单元　古代文明的产生与发展　/ 1

第 1 课　古代亚非 / 2

第 2 课　古代希腊罗马 / 8

第二单元　中古时期的世界　/ 15

第 3 课　中古时期的西欧 / 16

第 4 课　中古时期的亚洲 / 22

第 5 课　中古时期的非洲和美洲 / 27

第三单元　全球联系的建立与资本主义的兴起　/ 33

第 6 课　欧洲的思想解放运动 / 34

第 7 课　全球航路的开辟和欧洲早期殖民扩张 / 40

第 8 课　欧美主要国家的资产阶级革命与资本主义制度的确立 / 46

第四单元　工业革命与马克思主义的诞生　/ 51

第 9 课　改变世界的工业革命 / 52

第10课　马克思主义的诞生和国际工人运动的发展 / 57

第11课　近代职业教育的兴起和发展 / 62

第五单元　资本主义的扩展与亚非拉民族独立运动　/ 67

第12课　19世纪下半期资本主义的扩展 / 68

第13课　资本主义世界殖民体系的建立与亚非拉民族独立运动 / 75

第六单元　战争与革命的年代　/ 81

第14课　第一次世界大战　/ 82

第15课　十月革命与苏联社会主义建设　/ 88

第16课　经济危机与资本主义国家的应对　/ 93

第17课　第二次世界大战　/ 97

第七单元　第二次世界大战后世界的新变化　/ 103

第18课　美苏冷战　/ 104

第19课　资本主义国家的新变化　/ 108

第20课　社会主义国家的发展与变革　/ 112

第21课　殖民体系的瓦解与新兴独立国家的发展　/ 118

第八单元　当代世界的基本面貌　/ 123

第22课　现代科技革命和产业发展　/ 124

第23课　人类社会面临的机遇与挑战　/ 128

活动课　从机器生产到智能制造——迈向新型工业化的未来　/ 133

附　录　/ 136

第一单元
古代文明的产生与发展

经过漫长的原始社会，古代西亚、埃及、中国、印度和希腊等地逐渐出现人类文明。5 000多年前，西亚和北非的大河流域产生早期奴隶制国家。历经长期发展，尼罗河流域、两河流域先后出现地区性大国。中国和南亚也很早就进入文明时代。古代西亚、埃及、中国和印度文明都创造了自己的文字，在农业、手工业和文学、艺术、天文、医学、哲学思想等领域，留下丰富的遗产。在希腊和爱琴海地区，公元前8—前6世纪形成众多城邦，雅典和斯巴达是其中的代表。古代罗马通过一系列战争征服了意大利和地中海地区，建立了帝国。在文学、艺术、哲学、科学和法学等领域，古希腊罗马文明留下许多经典作品。

通过本单元的学习，知道早期文明的产生，了解主要文明古国的成就，认识这些成就对人类文明的重要意义。

第1课
古代亚非

右图是发现于两河流域南部的泥版文书，距今已有5 000多年。文书记录了古代苏美尔人的一座神庙每天给劳动者分发食物的情况。这是人类历史上最早的文字记录之一。文字的出现和使用，是人类进入文明时代的一个重要标志。

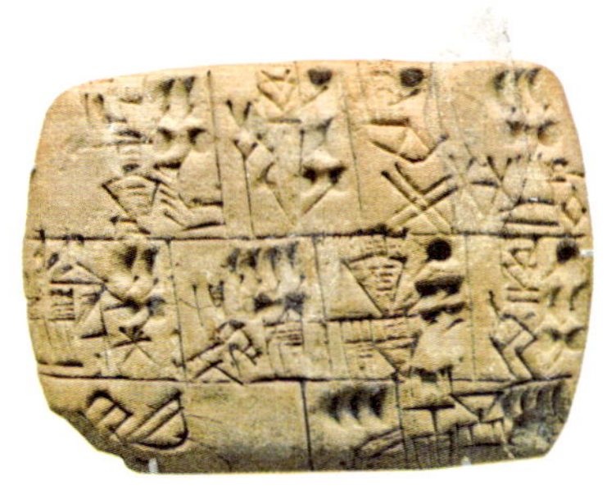

楔形文字泥版文书

古代亚非文明的产生和发展

人类最初的社会形态是原始社会，原始社会分为两个时期：旧石器时代和新石器时代。在旧石器时代，人类主要靠采集和渔猎为生。由于生产力落后，没有剩余产品，也没有私有财产，人们共同劳动、平等生活。距今1万年左右，人类开始进入新石器时代，出现了原始农业和畜牧业。农业和畜牧业的发展促进了社会分工，手工业和商业先后产生。新石器时代晚期，随着社会生产力的提高，产品开始有了剩余，私有制和阶级逐渐产生。

看图学史

观察地图，说出两河流域在今天的哪个地区。

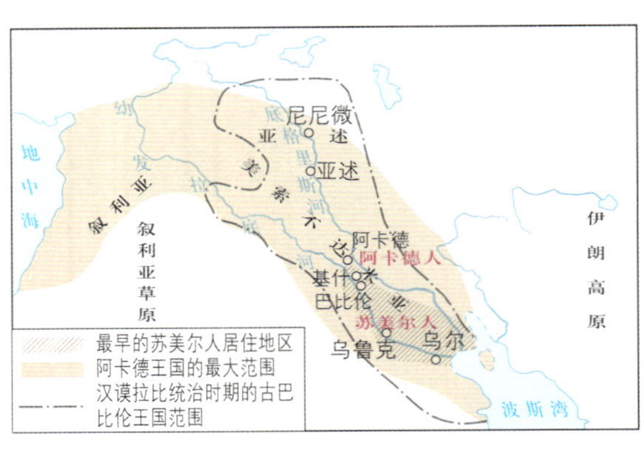

古代两河流域形势图

在生产发展和阶级分化基础上，西亚的两河流域[①]、北非的尼罗河流域、中国的黄河和长江流域、南亚的印度河和恒河流域，先后进入文明时代，国家产生了，人类进入奴隶社会。在奴隶社会，奴隶主占有生产资料，把持国家权力，剥削奴隶和平民。

① 两河流域，即幼发拉底河和底格里斯河流域。

公元前4千纪[①]后期至前3千纪初，苏美尔人在两河流域南部建立了一系列城市国家，比较著名的有乌鲁克、乌尔、基什等。为争夺土地、水源和霸权，这些国家相互混战，互争雄长。

▲ 萨尔贡一世（约公元前2334—前2279年在位）

约公元前2334年，一个叫萨尔贡的人登上基什的王位，史称萨尔贡一世。他积极向外扩张，先后征服了苏美尔人各城市。他营建新都阿卡德，所建立的国家被称为阿卡德王国。在位55年间，他把阿卡德王国的疆域扩展至西起今地中海东岸、东南到今波斯湾的广大地区。萨尔贡一世创建常备军，设置官吏，统一度量衡，初步建立君主专制制度。阿卡德王国延续100多年，是古代两河流域历史上第一个地区性大国。

公元前18世纪前期，古巴比伦王国国王汉谟拉比统一了两河流域。他颁布《汉谟拉比法典》，宣扬王权神授，完善官僚体系。古巴比伦王国灭亡后，西亚地区先后兴起了亚述等强国。公元前6世纪中后期，波斯兴起于伊朗高原，迅速征服两河流域、埃及、小亚细亚和巴尔干半岛北部，并向东扩张到印度河流域，建立起地跨亚非欧三洲的大帝国。

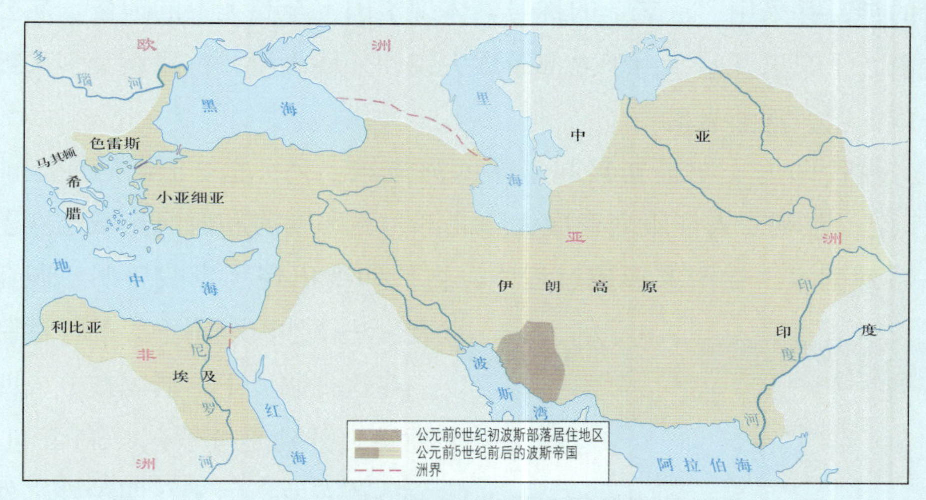

公元前5世纪前后波斯帝国疆域图

人物扫描

大流士一世，波斯国王。他登上王位后，镇压了国内的起义，并进行改革。对内，他确立了波斯帝国从中央到地方的基本制度，统一货币和度量衡，修建道路，设置驿站，以稳固帝国的统治。对外，他继续扩张，向东征服了印度河流域，向西征服了巴尔干半岛北部到多瑙河的地区。波斯帝国从此进入鼎盛时期。

► 大流士一世（公元前522—前486年在位）

① 千纪，是一种表述1000年时间跨度的方式，如公元前4千纪指公元前3999—前3000年之间的时期。

古代埃及文明诞生于尼罗河流域。尼罗河每年定期泛滥，给埃及带来灌溉所需的淡水资源，以及上游大量的腐殖土，等于给河流两岸的土地普遍施了一次肥。古代埃及人自豪地把他们居住的河流两岸的土地称为“黑土地”，把周边的沙漠称为“红土地”，有时还把自己的国家称为“可爱的地方”。由于尼罗河的重要性，古埃及被称为“尼罗河的赠礼”。

公元前4千纪后期，尼罗河流域兴起许多小国。经过多年混战后，逐步走向统一，建立起从中央到地方的官僚体系。国王集行政、军事和司法权力于一身，并为自己修建规模宏大的陵墓——金字塔。古埃及成为君主专制国家。

公元前16—前13世纪是古埃及最为强盛的时期。在北方，它侵入亚洲，征服今巴勒斯坦和叙利亚，一度把势力延伸到幼发拉底河；在南方，它沿着尼罗河扩张，征服了努比亚。至此，古代埃及成为一个地跨非、亚两洲的帝国。中央集权制度也日臻完善，国王被视为活着的神，并采用“法老”的称号，体现了国王至高无上的地位。从公元前2千纪末开始，由于内部矛盾尖锐和外族入侵，古代埃及多次被外族征服，逐渐衰落。

古代印度文明最初兴起于印度河流域。公元前2千纪后期至前1千纪，雅利安人征服南亚次大陆北部，在印度河和恒河流域建立了一系列国家。在国家形成过程中，古代印度出现了贵贱分明、职业世袭、法律地位也不平等的种姓制度。在这种制度下，居民被分成四个种姓，分别是婆罗门、刹帝利、吠舍、首陀罗，后来在四种姓之外还出现了贱民。种姓制度在印度长期存在，对印度社会和历史发展产生了重要影响。公元前6世纪，佛教兴起，影响逐渐扩大，后传播到亚洲许多国家和地区，成为世界性宗教。

中国是世界上最早的文明古国之一。5 000多年前，中国一些地区相继出现早期国家。历经夏、

历史纵横

孔雀帝国

公元前4世纪末，孔雀帝国崛起于印度西北部，因创建者据称是一个驯养孔雀的村落首领后代而得名。公元前3世纪前期，孔雀帝国征服了南亚大部分地区，建立了该地区历史上第一个帝国。帝国实行君主专制统治，国王集所有权力于一身。国王之下，设行政、军事和司法官员分管具体事务。但帝国只是一个军事行政联合体，缺乏统一的经济和文化基础，公元前3世纪后期逐步解体，公元前2世纪初灭亡。

商和西周三代的发展，春秋战国时代的变革，到公元前221年，秦统一中国，建立秦朝，中国形成了统一的多民族封建国家。

看图学史

观察地图，说一说亚非主要文明在地理分布上的特点。

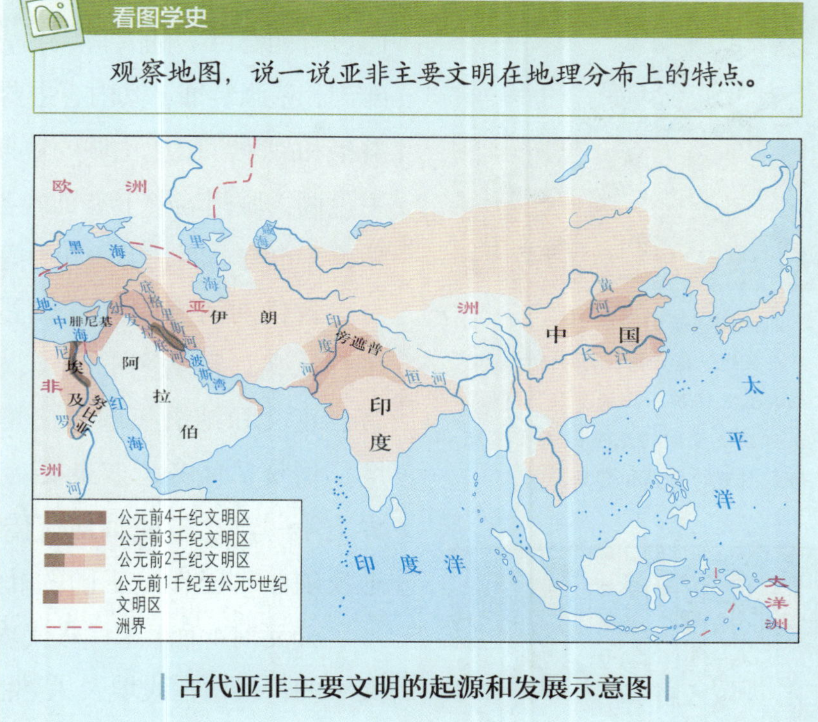

古代亚非主要文明的起源和发展示意图

古代亚非文化

1872年，英国研究人员史密斯在整理古代两河流域的一批楔形文字泥版文书时，发现上面记录着一个非常古老的洪水毁灭人类的故事，但内容严重残缺。于是，他前往两河流域寻找记录故事的其他泥版。通过考古发掘，他真的找到了故事残缺的部分。人们研究发现，类似的洪水故事最早源自苏美尔人的史诗，其中最著名的是《吉尔伽美什》。这是一部目前所知世界上最古老的史诗，书写在12块泥版上，原有3 000多行，主要叙述了乌鲁克国王吉尔伽美什的传奇故事，表达了人类追求美好生活的愿望。

《吉尔伽美什》是用楔形文字书写的。苏美尔人用削尖的芦苇秆或小木棍在泥板上压出一道道笔画，每道笔画看起来都像楔子，后人便称这种文字为楔形文字。楔形文字在古代两河流域得到广泛使用，流行数千年之久，直到公元前1世纪才被取代。

思考点

说一说古代两河流域主要的文化成就。

古代两河流域在天文、数学和建筑艺术上都有重要成就。人们已能够区分恒星和行星，观测日食、月食并记录下来。他们的历法与中国的农历相似，按月亮的运行周期把1年分为12个月，每个月29天或30天，并根据需要插入闰月，以使历法与太阳年吻合。他们使用十进制和六十进制，也知道勾股定理。六十进制在今天主要用于计算时间和圆周等，古代两河流域则主要用来计算粮食产量、劳动力人数和商品数量。

在建筑艺术方面，苏美尔人用黏土建造起多层塔庙，创作了精美的壁画和雕刻。亚述帝国修建了多座规模宏大的王宫。王宫门口有两尊巨大的人首飞牛石雕，犹如护卫，墙壁上多以雕刻和壁画装饰，其内容主要表现国王的日常活动、祭祀、狩猎和战争。巴比伦城的伊斯塔尔门气势恢宏，以蓝色为主色调，城门墙壁上装饰着各种动物图案，有传说中的独角兽，也有马匹、狮子和牛等动物。

亚述国王手刃雄狮

在亚述，猎狮被视为帝王的运动，象征着国王保护子民的责任。这幅浮雕出自亚述帝国的尼尼微王宫遗址，宣扬了国王的英勇和智慧。

古代两河流域的国家注重制定成文法，陆续颁布了多部法典，最著名的是《汉谟拉比法典》。法典包括前言、正文和结语三部分，其中正文282条，涉及土地制度、借贷、债务、奴隶买卖、婚姻等许多方面。这是世界上第一部比较完整地流传至今的成文法典，比较全面地反映了古巴比伦王国的社会状况。

古代埃及象形文字

图中可见各种不同的动物、植物等符号，颜色也各不相同，代表着各自不同的含义。象形文字铭文既是珍贵的历史资料，也是精美的艺术品。

公元前4千纪末，古代埃及人发明了象形文字。象形文字的符号由古代埃及人熟悉的人物、动物、植物、自然现象、日用器具等演化而来。人们书写时不仅像画画一样勾勒每一个符号，而且根据每个符号的原型在自然界中的颜色给文字着色。书写的内容包罗万象，包括国王的名字和事迹、征收的物品及数量、个人自传、赞美诗、故事等。

古代埃及人创作了神话、寓言、传记、抒情诗等多种体裁的文学作品。他们还制定了世界上最早的太阳历，并根据尼罗河水的涨落和耕种的需要，把1年分为3季，每季4个月，每月30天，年末另加5天为节日。

历史纵横

古代埃及历法

古代埃及既有太阳历，也有太阴历。太阳历是官方历法，1年为365天。这个历法比正常的太阳年短1/4天，每4年比真正的太阳年少1天。古代埃及人不置闰年，日积月累，使他们的历法和实际的季节差距巨大，从开始的数天到数月，直到1460年后整整少了1年。那时埃及历法再度与太阳年完全重合。为庆祝这一天的到来，古代埃及人会举行盛大的庆祝仪式。公元前238年，埃及国王托勒密三世颁布诏书，希望每4年增加1天，以纠正误差，但没有被埃及人接受。

古代埃及还有一种阴历。它根据月亮的运行周期确定，每年分为12个月，共354天。为了与太阳年吻合，古埃及人每3年增加1个闰月。这个历法主要用来确定宗教节日，在民间也非常流行。

金字塔是古代埃及文明的象征，位于今开罗附近的尼罗河沿岸。最大的胡夫金字塔原高146.6米，共使用约230万块石头，平均每块重2.5吨，石头堆叠平整，堪称古代建筑史上的奇迹。

看图学史

根据所学知识，为下图配解说词。

▲ 胡夫金字塔

古代印度人创造了灿烂的文化。印度河流域文明时期，印度已经有了文字。古代印度最著名的文学作品是史诗《摩诃婆罗多》和《罗摩衍那》。两部史诗最初源自民间口头创作，约于2—4世纪定型，篇幅宏大，《摩诃婆罗多》约有20万行，《罗摩衍那》有4.8万行。诗歌中包含大量远古历史传说、神话和哲理故事。古代印度人发明的从0到9的10个数字符号后来经阿拉伯人传入欧洲，被称为阿拉伯数字。阿拉伯数字是当今世界上最通用的数字符号。古代印度的建筑和雕刻吸收了波斯和希腊元素，同时受到佛教等宗教影响。佛塔、石窟和石柱等是古代印度建筑艺术的主要代表。印度文化还传播到东南亚，对东南亚的历史和文化产生重大影响。

学习探究

请设计一个表格，从地区、领域、成就等方面，对古代亚非的文化成就加以整理。

拓展阅读

古代埃及的莎草纸工艺

莎（suō）草是一种芦苇科植物，在古代尼罗河谷地和三角洲地区生长十分茂盛。它高可达3米，茎秆可以长到手腕粗细。古代埃及人用它制作灯芯、篮子和绳子等用品，还用它来制造莎草纸。古代埃及人制作莎草纸的方法大致如下：

先把莎草的茎秆切成段，剥去表层粗糙的硬皮。再把去皮的茎秆劈成薄片，经浸泡后将薄片分两层横竖交错地铺在一块石板上，相邻两片之间稍有重叠。然后在上面蒙一块布，用木槌敲打两小时左右，直至植物的浆液把两层薄片粘成一块为止。最后，把已经敲打成型的薄片压平、晒干、修剪边缘和磨光，就成为莎草纸。这种“纸”只是一种原始的书写材料，与现代普遍使用的纸不同。

第2课

古代希腊罗马

右图是公元前5世纪雅典的陶片，每块陶片上都刻有雅典一个政治家的名字。根据当时的规定，雅典公民每年要对是否流放他们的政治家进行投票。如果投票那天出席公民大会的人数超过6 000人，则得票最多的那个人要被流放国外10年。古代雅典是个什么样的国家？为什么要实行这样的制度？

▲ 刻有政治家名字的陶片

古代希腊城邦

公元前2千纪，爱琴海地区相继诞生了克里特文明和迈锡尼文明。公元前8—前6世纪，古希腊人在巴尔干半岛和地中海周边地区建立了一系列城邦，其中最著名的是雅典和斯巴达。

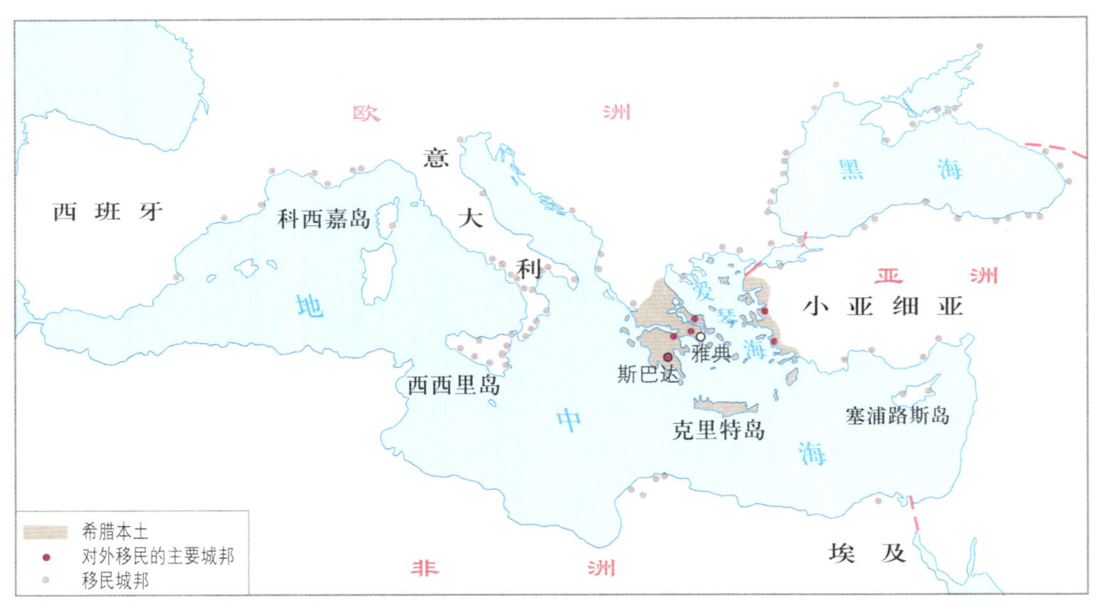

古代希腊城邦分布示意图

约公元前508年，雅典发生一场政治斗争，双方的领袖分别是伊萨戈拉斯和克里斯提尼。伊萨戈拉斯得到斯巴达支持，企图在雅典建立寡头政治。克里斯提尼则联合平民，希望进行民主改革。多数雅典人支持克里斯提尼。斯巴达派兵到雅典，放逐了克里斯提尼等人。雅典人奋起反抗，斯巴达人被迫撤离，伊萨戈拉斯逃亡。克里斯提尼返回雅典主持改革，初步建立了民主制度。其后历经约半个世纪的发展，民主政治在伯里克利时代达到顶峰。

◄ 伯里克利
（约公元前495—前429）

雅典著名政治家，连续15年当选将军。他对内改革，推进民主政治，对外强化对盟国的控制。在他领导下，雅典政治昌明，经济和文化进入繁荣时期。

在民主政治下，雅典的主要权力机关有公民大会、议事会和民众法庭。公民大会是国家最高权力机关，决定国家的重大事务；重要问题需经议事会预先提出议案，再提交公民大会讨论和决定；由公民审判员组成法庭，审理大小案件。雅典官员大多数由抽签产生，任职期间要接受议事会和公民大会的监督，随时会被问责甚至罢免。公民大会还会利用“陶片放逐法”，投票将个别影响力过大的政治家流放国外。

与雅典不同，斯巴达的政治权力主要掌握在国王和长老会手中。斯巴达有两名国王，分别由两个家族世袭，他们权位均等，有权统率军队，在城邦中有重要影响。长老会成员终身任职，负责为公民大会准备决议草案。公民大会享有表决权，以呼喊声高低决定议案是否通过。强势的国王、权力较大的长老会和不太活跃的公民大会，使斯巴达成为寡头政治的典型。

思考点

古希腊城邦制度有哪些局限性？

古希腊城邦实行公民直接参与国家管理的制度，公民有出席公民大会和担任公职的权利，直接决定城邦的重要事务。但这种制度也有一定局限性，一般只能在小国寡民的城邦中实行，而且公民仅限于本邦的成年男性自由民，只有公民有权参与政治，妇女、外侨和奴隶都被排除在外，奴隶甚至连生命都无法保障。据估计，雅典人口最多时约有30万人，其中公民仅四五万人。公元前4世纪后期，北方的马其顿兴起，征服了巴尔干半岛上的希腊人城邦。

古代罗马共和国与罗马帝国

公元前44年3月15日，罗马城内发生一桩刺杀案，案发地在元老院，遇害者是罗马共和国最有权势的人物恺撒。那天早晨，在恺撒前往元老院的路上，有人递给他一块书板，内容是提醒他有人预谋行刺。但他这时正被众多求助的人包围，直至进入元老院，也没有机会看到书板上的内容。当恺撒主持会议时，一个元老走上前，向恺撒请求召回自己被流放的弟弟。被拒绝后，此人抓住恺撒的手假装继续请求，乘机扯开了恺撒的袍子，发出动手的信号。参与阴谋的元老们一拥而上，刺死了恺撒。

▲ 恺撒遇刺（绘画）

思考点

罗马元老贵族为什么要刺杀恺撒？此举为什么未能阻止共和国灭亡？

元老们刺杀恺撒的原因与罗马共和国的基本制度有关。罗马原是意大利中部的一个城邦，公元前509年废除国王，建立共和国。罗马共和国的主要权力由执政官、元老院和公民大会掌握。执政官有两人，经选举产生，负责处理国内外重要事务，一年一任。元老院由几百名富有贵族组成，负责向执政官等提出建议，是罗马共和国最有影响力的决策机构。公民大会有权选举官员、通过法案、决定战争与媾和。只有在危机时期，罗马才指定独裁官，且规定任期最长不超过半年。但恺撒通过内战赢得最高权力后，自任执政官和终身独裁官，把所有权力集于一身，地位犹如专制君主。这严重背离了罗马共和国的政治传统，引起元老贵族们的反感。他们希望通过刺杀恺撒恢复传统的共和制，继续分享权力。

可是，此时的罗马共和国通过数百年扩张，已成为一个囊括地中海地区的庞大国家。奴隶制的发展，阶级斗争的尖锐化，也要求强化国家集权，罗马共和国的体制已经不适应统治的需要。恺撒死后，屋大维等击败共和派，又消灭其他对手，掌握了罗马所有重要的权力，逐步建立帝制。罗马共和国演变为罗马帝国。

人物扫描

屋大维，古罗马政治家，出生于罗马贵族家庭，后被恺撒收为养子。恺撒遇刺后，他回到罗马，陆续打败其他对手。公元前27年，屋大维在元老院发表演说，突然宣布辞去所有职务，把共和国“交还”给罗马人民。元老院拒绝他辞职，并授予他“奥古斯都”尊号。屋大维汲取恺撒被刺的教训，表面上保留共和国的制度，实际上把所有权力逐步集于一身。他统治罗马40多年，事实上成为罗马第一个皇帝。

► 屋大维（公元前63—公元14）

罗马帝国时代，整个地中海地区保持了长期的稳定，社会生产获得一定程度发展。公元1—2世纪，罗马帝国达到极盛时期。帝国疆域西北抵达苏格兰南部，东南到幼发拉底河。农业持续发展，手工业和贸易相当繁荣。帝国内部不同地区之间，帝国与其他地区特别是欧洲和亚洲之间的商业来往达到前所未有的高度，丝绸之路连通罗马和中国。罗马、迦太基、亚历山大等城市人口达到数十万，甚至超过百万，中小城市数量众多。3世纪开始，随着奴隶制的衰落和阶级矛盾的发展，罗马帝国走向衰落。395年，分裂为东、西两部分。476年，西罗马帝国灭亡。东罗马帝国则延续发展，后被称为拜占庭帝国。

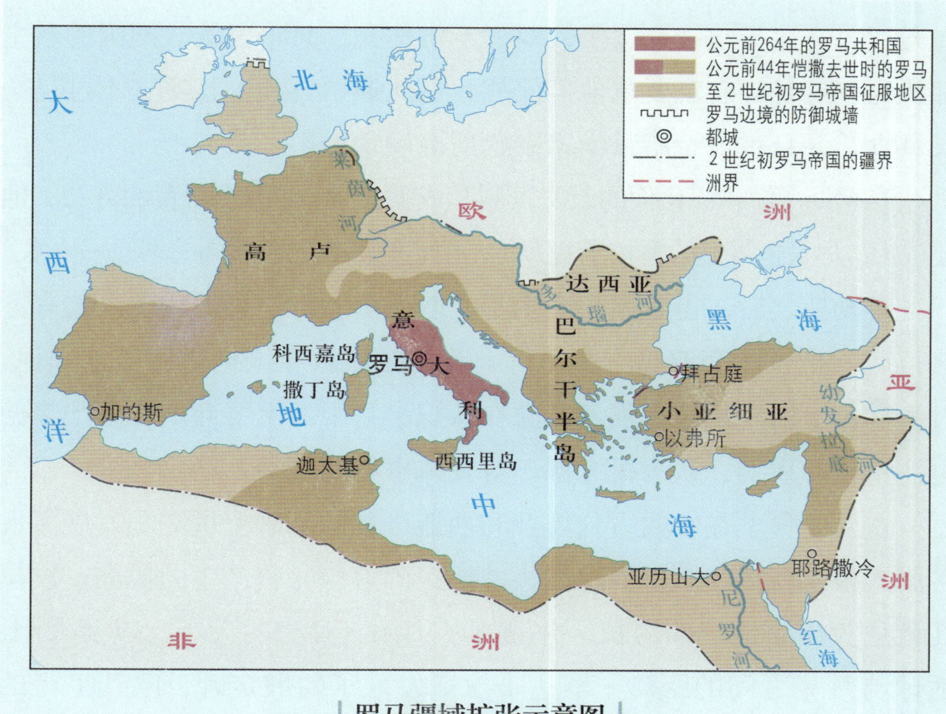

罗马疆域扩张示意图

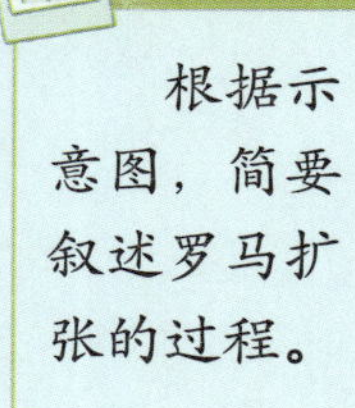

看图学史

根据示意图，简要叙述罗马扩张的过程。

历史纵横

古代罗马的奴隶制和奴隶的反抗斗争

早在公元前5世纪，罗马人已经常使用奴隶。公元前3—公元2世纪，罗马奴隶制进入繁荣时期。成功的对外战争、海盗的劫掠、高利贷的盛行，为古罗马提供了丰富的奴隶来源。奴隶遭受残酷的压迫和剥削，生活悲惨。他们没有任何权利，可以被主人随意转让、出卖和处死。有些奴隶被迫成为角斗士，与猛兽或其他奴隶作生死搏斗，以此为罗马人提供娱乐。为摆脱被奴役的命运，奴隶多次发动武装起义，其中最为著名的是公元前73—前71年的斯巴达克起义。起义队伍一度达到十余万人，罗马统治者用了两年多才扑灭起义，但奴隶的零星斗争从未停止。3世纪以后，随着奴隶来源减少和生产关系的变化，罗马奴隶制逐渐衰落。

公元1世纪，基督教在罗马帝国东部的巴勒斯坦地区兴起，后逐渐流传开来，并被罗马统治阶级接受，4世纪末成为罗马国教。罗马帝国灭亡后，基督教继续传播，成为欧洲的主要宗教。

古代希腊罗马文化

公元前585年的一天，西亚地区两大强国吕底亚和米底的军队正在激战。突然天空一片漆黑，双方不辨你我，只得罢战。两国的君主都认为，这是神有意要求他们停战，从此握手言和。其实这不过是一次日食，并且被古希腊哲学家泰勒斯准确预见。

泰勒斯了解古巴比伦的天文资料和成就，学会了预测日食的方法。他还认为，尽管世界上的事物千变万化，但它们都有一个共同的本原——水。

泰勒斯之后，古希腊还产生了一些杰出的哲学家，代表人物有苏格拉底、柏拉图和亚里士多德等。苏格拉底教导人们怎样探求知识，过上幸福生活。柏拉图强调概念在认识事物中的重要性。亚里士多德更注重经验事实，认为概念源于对具体事物的概括。

古希腊科学在吸收古代埃及和西亚成就的基础上进一步发展。古希腊人很早就能绘制世界地图，并能正确解释月食产生的原因。埃拉托色尼算出了地球的周长，并测算了太阳、月亮的大小，以及太阳、地球与月亮之间的距离。毕达哥拉斯发现了勾股定理；欧几里得的《几何原本》在吸收前人成果基础上，发明了新的证明方法，奠定了此后几何学发展的基础。阿基米德发现了多个科学定理，发明了多种机械。他最有名的格言是："给我一个支点，我能撬动地球。"

古希腊文学取得了很高成就。《伊利亚特》和《奥德赛》是古希腊最著名的史诗，叙述了希腊人远征特洛伊，以及战争结束后英雄奥德修斯历尽劫难最终返回家乡的故事。公元前5—前4世纪，雅典产生了埃斯库罗斯等伟大的剧作家。

古希腊建筑多采用列柱式，即用环绕的柱子支撑屋顶。雅典卫城建筑群是古希腊建筑艺术的代表，帕特农神庙是其中的翘楚。古希腊雕塑成就突出，最著名的作品有《掷铁饼者》和《米洛斯的维纳斯》等。

▲ 帕特农神庙

历史纵横

古代希腊的奥林匹亚赛会

古希腊人重视祭祀神的活动。祭祀过程中，除献祭、祈祷和宴饮外，还要举行形式不同的比赛，其中影响最大的是祭祀众神之王宙斯的奥林匹亚赛会。自公元前776年起，赛会每4年举办1次。比赛项目最初较少，主要是短跑，后来项目逐渐增加，包括长跑、跳远、拳击、角力、武装赛跑、战车比赛等。赛会期间，为保障运动员来往安全，主办者会派出使者向希腊各城邦宣布休战。

古代奥林匹亚赛会主要是成年希腊自由民的活动，原则上非希腊人、妇女和奴隶都不准参加。赛会延续了1 000多年，是古代希腊非常重要的文化和体育活动。现代奥运会的创办受到了古代奥林匹亚赛会的启发，但它更加开放和多元，理念上强调更快更高更强更团结，是代表全人类的体育盛会。2008年北京成功举办奥运会，2022年又成功举办了冬奥会。

古罗马文化继承和发展了古希腊文化，在文学、史学、法学、建筑和艺术等领域成就斐然。古罗马人使用的拉丁字母是后世西欧字母文字的源头。维吉尔的《埃涅阿斯纪》是最著名的史诗之一，叙述了特洛伊陷落后英雄埃涅阿斯流浪和最后在意大利建国的历程。历史学家李维的《罗马史》文笔生动，富有道德教益。罗马人综合了地中海各地区的科技成就。罗马道路、大竞技场、万神殿、凯旋门和高架引水渠，显

看图学史

查阅资料，向同学讲解古罗马大竞技场。

▲ 大竞技场

示了罗马人在工程技术上的创造力。他们在农学、地理学、医学等领域也有重要贡献。

罗马人建立了比较完备的法律体系。罗马法分为公法和私法。公法主要涉及国家制度，私法主要是调整个人权益的法律。6世纪，东罗马皇帝查士丁尼组织系统搜集、整理罗马法，编订了《查士丁尼法典》等罗马法系列著作，后人称之为罗马“民法大全”。罗马法构成了后世西方法律的基础，影响深远。

学习探究

请结合史实，谈谈古希腊、古罗马对人类文明的贡献。

拓展阅读

古代中国与罗马帝国的交往

随着丝绸之路的开辟，1—2世纪，地处亚欧大陆东西两端的中国和罗马有了联系。中国史书称罗马为“大秦”，罗马文献称中国为“赛里斯”或“秦奈”。双方通过“丝绸之路”进行贸易，偶有直接交往。东汉时，西域都护班超派甘英出使大秦，可惜因安息人阻扰，中途返回。罗马商人也通过陆路和海路到达中国，并假托罗马皇帝之名觐见东汉皇帝。为开拓商路，东西方的商人和旅行家不畏艰险，都作出了自己的贡献。

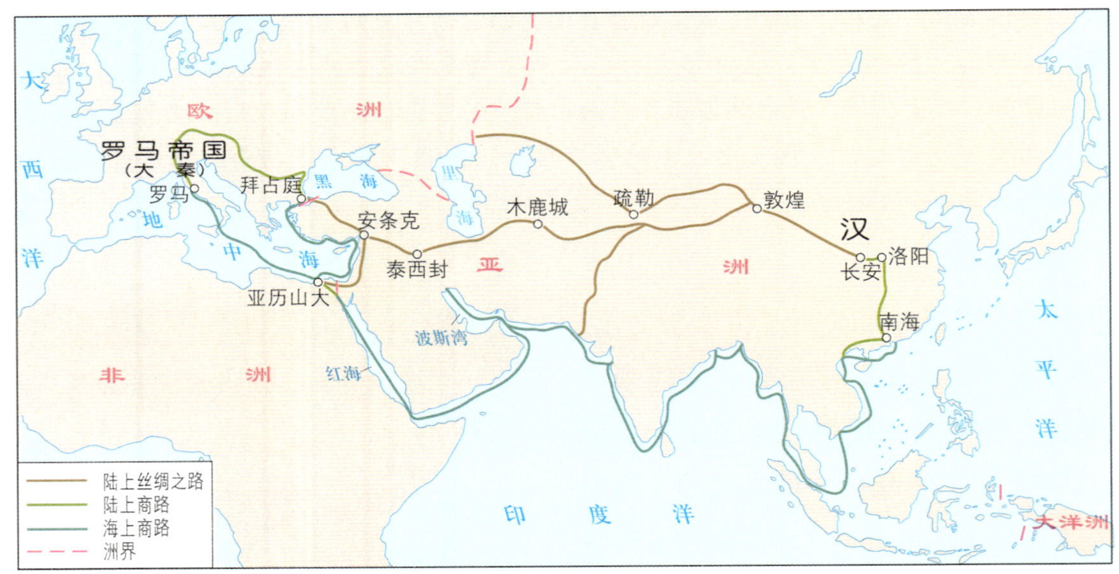

汉朝与罗马帝国交往的主要路线示意图

第二单元
中古时期的世界

中古时期（5—15世纪）是一个多元文明发展的时代。随着法兰克王国的扩张，西欧进入封建社会。封君封臣和庄园农奴制度是西欧封建社会的重要特征。在城市兴起和王权扩张的基础上，中古后期西欧出现英法等王权国家。7世纪前期阿拉伯半岛统一后，阿拉伯人开始大规模扩张，建立阿拉伯帝国。在吸收被征服地区文化成就的基础上，阿拉伯人创造了辉煌的文化，并为东西方文化交流作出了贡献。中国是中古时期东亚地区最重要的国家，经济和文化都达到了新的高峰。日本通过大化改新，模仿中国隋唐王朝建立中央集权制度，后由幕府掌握了实权。撒哈拉沙漠以南的非洲建立了一系列国家。美洲的印第安人创造了玛雅文明、阿兹特克文明和印加文明。

通过本单元的学习，知道法兰克王国，了解西欧封建制度的演变与西欧城市和大学的兴起及意义；了解阿拉伯帝国的兴起和发展，日本古代社会的情况；知道非洲和美洲文明的兴起和发展概况。

第3课
中古时期的西欧

右图中的三个人不仅穿着不同，地位也有显著差别。手持盾牌的骑士居于中央，他正与其右边的僧侣谈话。图画中拿着农具的是农民，他在整幅画面中占的空间最小，地位也最低。僧侣、骑士和农民构成了中古西欧最重要的三个阶层。这个等级分明的社会是如何产生的？各等级的地位又是怎样的？

▲ 中古西欧的“三种人”（绘画）

西欧封建制度的形成

5世纪末，日耳曼人的一支——法兰克人，在首领克洛维的率领下击败西罗马在高卢的残余势力，并以高卢为中心向外扩张，建立法兰克王国。

在夺取高卢的过程中，法兰克人按习惯抽签分配劫掠来的财物。在一次分配战利品时，克洛维希望在自己应得的那一份之外，额外获得一个花瓶。一名士兵认为克洛维的要求不合理，举起斧子劈碎了瓶子。一年后，克洛维在检阅军队时，借故处死了这名士兵。他通过类似这种凶狠野蛮的方式，逐步树立自己的权威，后又陆续消灭其他竞争者，成为法兰克人的最高统治者。

克洛维统治时期，笼络罗马大地主，皈依罗马基督教。他的后继者继续扩张，至8世纪后期，征服了西欧大部分地区。800年，法兰克王国国王查理在罗马加冕为皇帝，史称“查理大帝”，法兰克王国演变为查理帝国。查理支持罗马基督教的传播，基督教成为中古西欧最主要的宗教。843年，查理帝国一分为三，分别成为后来法兰西、德意志和意大利的雏形。

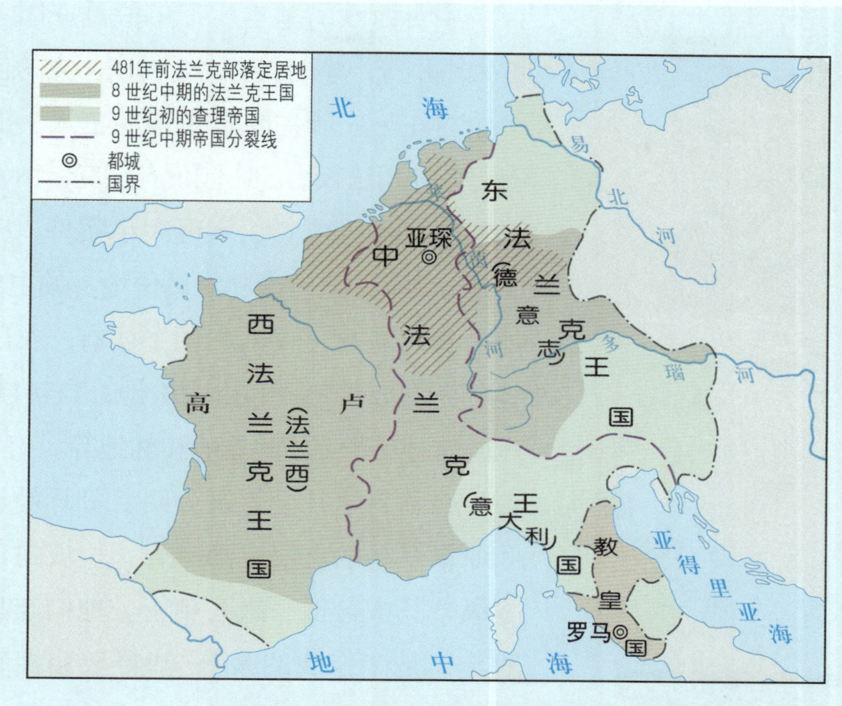

法兰克王国的形成与发展示意图

人物扫描

查理大帝，法兰克王国国王和查理帝国皇帝。他在位期间进行了50多次征战，将法兰克王国的领土扩大了近一倍。为统治帝国，他营造新都，任用亲信管理政事；在地方上，将全国划分为若干伯爵区。伯爵由地方显要担任，总揽一方行政、军事、财政和司法权力。他每年派出巡按使巡视地方，确保政令实施。他还提倡文化教育，兴办学校。他的措施暂时稳定了帝国的统治，但未能解决帝国面临的根本问题，帝国也在他死后逐渐瓦解。

查理大帝（768—814年在位）

在中古前期的西欧，土地是最重要的社会财富。大封建主将土地分封给中等封建主，中等封建主再分封给小封建主直至普通骑士，形成以土地分授关系为纽带、等级分明的封君封臣关系。授予土地者为封君，接受土地者为封臣。封臣向封君宣誓效忠，并为封君服军役；封君赐予封臣土地，并保护封臣。随着封臣独立性的增强，各级封建主事实上成为自己封地上的统治者即领主，由此造成了中古前期西欧封建割据和王权普遍软弱的局面。

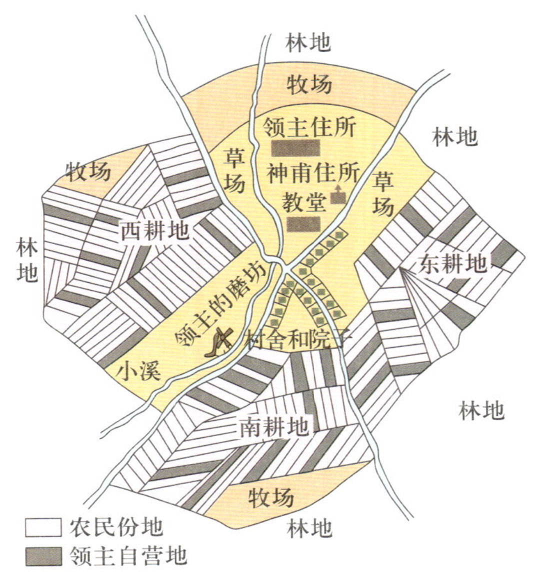

中古西欧庄园示意图

农奴在监工的监督下为领主收割谷物（绘画）

中古西欧的基本生产单位是庄园。庄园大小不等，小的仅有一个村庄，大的包括多个村庄。庄园主既是土地的主人，也拥有行政和司法权力。庄园设有法庭，由领主或他的代理人主持，审理大小案件。庄园土地分为领主自营地和农民份地。领主自营地由农奴耕种，收入归领主所有；农民份地分为农奴份地和自由农份地，自耕自收。庄园内另有若干公共草地和林地等。

西欧封建社会等级分明。日耳曼贵族和原来罗马的上层逐渐融合，构成封建主等级，其中最低一级为骑士。他们与敌人战斗，是“作战的人”。基督教会拥有许多土地，并向信徒征收什一税①。教会控制人们的信仰，僧侣被认为代表世人求助上帝，为人们祈祷，是“祈祷的人”。农民大多沦为农奴，需要为领主服劳役，没有人身自由，是中古西欧最主要的劳动者，是“劳作的人”。

中古西欧的城市

1112年，法国北部城市琅城发生市民暴动。暴动的起因，是该城主教戈德里接受了市民缴纳的一大笔赎金，允诺该城市自治，但他在挥霍完赎金后，竟擅自取消琅城的自治权，企图继续征收重税。愤怒的市民举行暴动，打死了戈德里。后来，法国国王赐予琅城特许状，承认该城拥有自治权。

中古西欧城市兴起于领主的土地之上，受领主管辖。领主像对待农奴一样，限制市民的迁徙和人身自由，对城市征收捐税，垄断有利可图的行业，严重影响市民的生计和城市经济发展，引起市民的反抗。在城

① 什一税，是基督教会的赋税制度。根据教会规定，普通信徒要向教会交纳收成的十分之一供宗教事业之用。

市和领主的冲突中，国王为加强王权，往往支持城市，赐予城市特许自由证书。作为回报，城市为国王提供军队和经费，帮助国王与领主斗争。从11世纪起，西欧许多城市通过赎买、武装起义等方式，赢得了不同程度的自治权。

城市主要居民是手工业者和商人，他们建立行会组织，制定营业规章，保护当地工商业者利益，有利于社会经济的发展。城市和商品经济的发展，冲击了建立在自然经济基础上的庄园农奴制度。一些农奴逃入城市，在居住一定时间后，获得了自由。城市市民建立了自己的政府、法庭和税务机关，管理城市事务。城市还鼓励兴办学校，保护学者，有利于知识的积累和文化的发展。

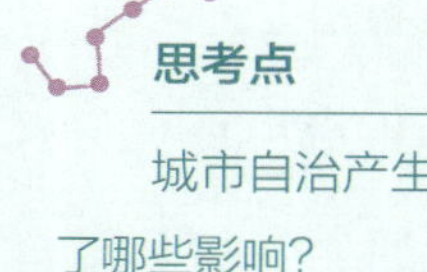
思考点

城市自治产生了哪些影响？

历史纵横

中古后期西欧的王权国家

查理帝国瓦解后，西欧分裂为多个国家，各国内部纷争不断、社会动荡。从12世纪开始，法国王室逐步扩大领地，并在与英国的长期斗争中赢得胜利，至15世纪后期基本形成今天法国的版图。英国自11世纪中期以后逐步强化王权，15世纪末建立专制王权国家。在长达数百年的反对阿拉伯人统治的斗争中，伊比利亚半岛形成了西班牙和葡萄牙国家。

大学的兴起

农业生产的进步，城市和商品经济的发展，文化的复兴及其带来的知识扩展，推动了中古欧洲大学的产生。意大利的博洛尼亚大学创立于1088年，以研究法学特别是罗马法知名，一般认为它是欧洲最早的大学。

巴黎大学创建于12世纪。阿伯拉尔是这所大学最著名的老师，欧洲有很多学生慕名来到巴黎求学，但他的观点为基督教会所不容。他先是受到控告，后来被禁止在法国土地上从事教学。为规避禁令，他爬到树上授课，学生簇拥在树下听讲。后来，在树上授课也被禁止，他便转到船上，学生则聚集在岸边听讲。由于他的影响，许多学者来到巴黎定居和教学，传授知识，革新教学方法，进一步提升了巴黎大学的声誉。

中古欧洲大学分布示意图

▲ 中古欧洲大学的课堂教学（绘画）

最初，大学没有自己的校园，学生在租来的民房里上课，后来围绕学生宿舍区和教学区，逐渐有了校园。由于书本奇缺，上课一般先由教师发表演讲，之后学生和教师就演讲的内容进行辩论。专业也比较少，主要教授传统的文艺、法律、医学和神学，今天的许多专业如历史学、工程学等在当时还没有设立。但教师要有正式的资格、集体授课、学位授予制度等规定和做法，则延续至今。至1500年，欧洲已有60多所大学。

思考点

中古欧洲的大学为社会作了哪些贡献？

大学产生之前，中古欧洲的文化教育被教会垄断，教育者和教育对象基本限于教会人士，其他人绝大多数是文盲，连查理大帝也写不好自己的拉丁文名字。大学向非教会人士敞开大门，有利于整个社会识字率和文化水平的提高。君主也喜欢用那些受过教育的人管理宫廷和国家事务。

历史纵横

拜占庭帝国

罗马帝国于395年分裂为东、西两个部分，东罗马帝国定都君士坦丁堡，因该地是古代希腊人殖民城邦拜占庭旧址，东罗马帝国又被称为拜占庭帝国。拜占庭帝国经济比较发达，政治和文化上延续了罗马帝国的传统，在中古东欧和西亚历史发展中占有重要地位。6世纪，查士丁尼对内强化君主专制统治，编订罗马法，对外一度征服意大利、北非和西班牙部分地区。但帝国因长期征战民穷财尽，又遭到日耳曼人、波斯人、斯拉夫人和阿拉伯人入侵，先后丧失大片土地。到13世纪，它的领土只剩下小亚细亚一部分和巴尔干半岛等地。1453年，拜占庭帝国灭亡。

学习探究

结合你学过的内容，简要归纳中古时期西欧发生的重要变化。

拓展阅读

俄罗斯的兴起

俄罗斯人是东斯拉夫人的一支。862年，留里克占领诺夫哥罗德，建立国家。20年后，他的后继者占领基辅，建立基辅罗斯公国。11世纪，随着封建关系的发展，基辅罗斯陷入分裂。后来，被蒙古人征服。在反抗蒙古统治的斗争中，莫斯科公国逐渐兴起。1480年，莫斯科公国击败蒙古统治者，彻底赢得独立。15世纪末到16世纪初，莫斯科大公开始自称全俄罗斯君主，统一的俄罗斯国家逐渐形成。1547年，伊凡四世正式加冕为沙皇，莫斯科公国演变为沙皇俄国。伊凡四世打击贵族，强化沙皇权力，并大肆扩张。此后历代沙皇继续扩张，到17世纪末，俄罗斯成为地跨亚欧两洲的大帝国。

第4课
中古时期的亚洲

9世纪中期，阿拉伯商人苏莱曼经印度到达中国，回国后写成《苏莱曼东游记》。该书主要记录了他在印度和中国的见闻。18世纪以来，这本书被译成多种文字，成为西方认识东方的重要文献。商人苏莱曼和他的游记，反映了阿拉伯人作为东西文化交流使者的重要地位。

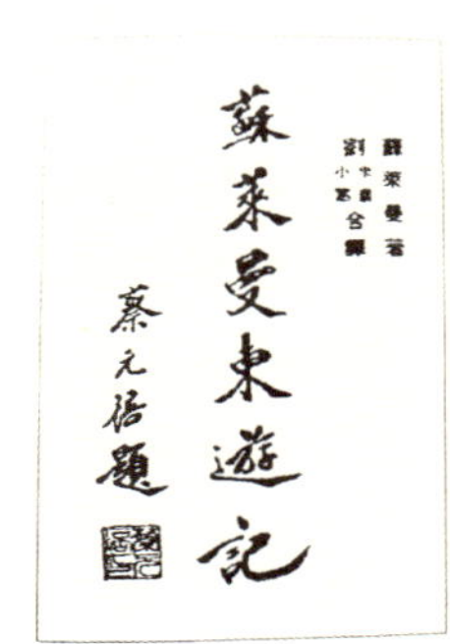

▲《苏莱曼东游记》1937年中文第一版书影

阿拉伯帝国

6世纪后期到7世纪初，阿拉伯半岛上多部落并存，相互混战，社会动荡。这种状况严重影响了阿拉伯半岛的社会发展，催生了统一的愿望。政治上，一些阿拉伯部落开始抛弃部落意识，结成联盟抵抗外敌；经济上，半岛西部商路上的麦加城与邻近各国和部落缔结了商务协定，成为重要的贸易中心，商人们都希望商道畅通，往来安全；文化上，阿拉伯人的语言和文字日趋统一。

7世纪初期，穆罕默德在麦加创立伊斯兰教。因遭到麦加贵族反对，622年，他迁居麦地那，在那里建立政权，势力逐渐壮大，最终迫使麦加贵族承认了他的领导地位，其他部落也纷纷归附。至632年穆罕默德去世时，阿拉伯半岛已基本统一。

此后，穆罕默德的继任者又大举向外扩张。先后夺取叙利亚、波斯[①]、埃及、突尼斯等地。至8世纪中叶，阿拉伯帝国形成。帝国疆域东起印度河和帕米尔高原，西至伊比利亚半岛，横跨亚非欧三洲。

① 波斯，此处指3世纪兴起的萨珊波斯帝国，统治范围包括今伊朗高原和两河流域等地。

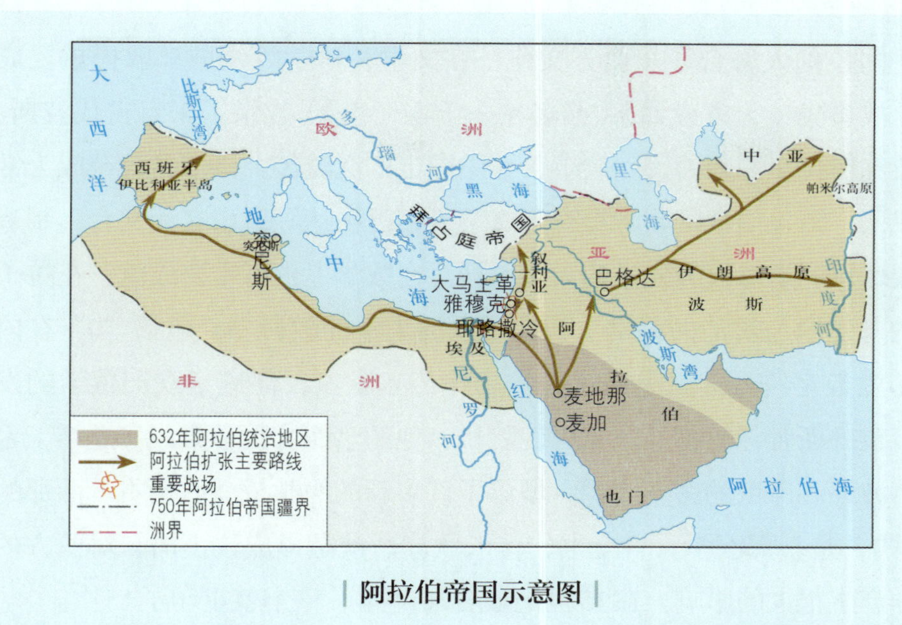

阿拉伯帝国示意图

在阿拉伯帝国，最高统治者哈里发[1]掌握政治、军事和宗教等权力，下设各部大臣辅政。帝国修建了从都城通向各地的道路，沿路设置驿站传递消息。驻扎在各地的军队，一旦接到命令，即可迅速调动。阿拉伯语被定为官方语言，逐渐取代很多地方原有的语言。

阿拉伯帝国时期，农业、手工业和商业都有一定发展。农作物种类繁多，产量有所提高。采矿、金属加工和纺织等行业十分兴旺。阿拉伯商人在东到中国、西到西欧、南至非洲的广大地区进行贸易。帝国城市众多，巴格达是当时世界上著名的大都市之一。城内的码头有数百米长，停泊着来自各地的船只。亚洲、欧洲、非洲的货物，在这里集散和贸易。

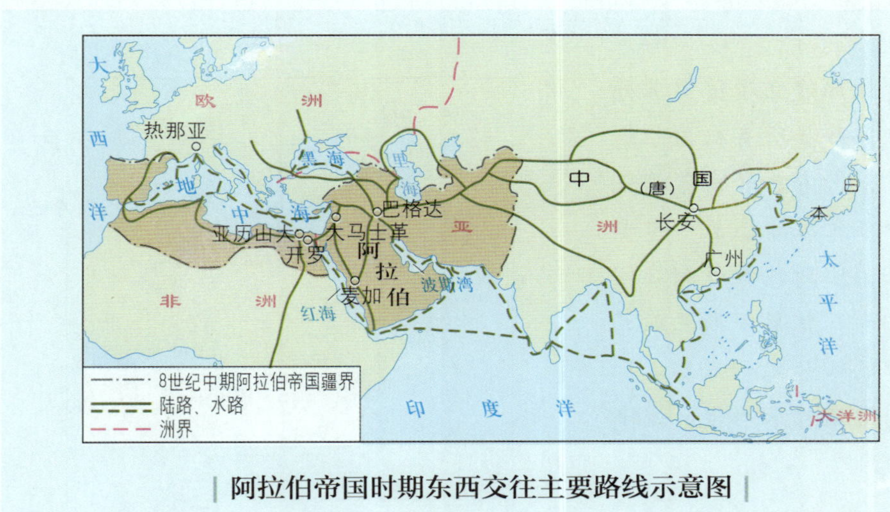

阿拉伯帝国时期东西交往主要路线示意图

① 哈里发，意为“先知的继承人”，后成为阿拉伯帝国最高统治者的称号。

阿拉伯人融合了东西方文化，在文学和科学等领域都取得重要成就。故事集《天方夜谭》(又名《一千零一夜》)收录了来自古代波斯、埃及和伊拉克等地的民间故事，在中国也广泛流传，该书名甚至成为常用成语。阿拉伯帝国非常重视天文学，在巴格达等地设有天文台，制造了天球仪、地球仪等先进的天文仪器。在数学上也有重要成就，花拉子密的《还原与对消的科学》长期是欧洲大学的教科书，包括“0”在内的印度数字符号，就是通过他的著作传入欧洲，促进了欧洲数学的发展。拉齐斯曾任巴格达国家医院院长，他的名作《医学集成》总结了希腊、波斯和印度的医学知识，增添了许多新的医学成就。伊本·西那的《医典》是一部医学百科全书，传入欧洲后被翻译成拉丁语，对西方的医学产生很大的影响。在15世纪最后30年里，该书就重印了15次。

思考点

为什么阿拉伯帝国是东西方文化交流的桥梁？试用一个具体例子说明。

阿拉伯帝国成为东西方文化交流的桥梁。中国的造纸术、指南针、火药，印度的数字符号、稻米、棉花和食糖等先后经阿拉伯人传入欧洲，阿拉伯语词汇也大量进入英语、法语和德语等语言。阿拉伯帝国保存了大量希腊罗马古典文化典籍，这些典籍传回欧洲后，促进了西欧文化的发展和复兴。同时，阿拉伯人也将数学、天文、历法、医药等知识传入了中国。

13世纪中期，阿拉伯帝国灭亡。信奉伊斯兰教的奥斯曼人在小亚细亚兴起，在蚕食拜占庭帝国过程中日益壮大。1453年，奥斯曼帝国攻占君士坦丁堡，进而占领西亚和北非地区，建立起地跨亚非欧三洲的大帝国。

历史纵横

德里苏丹国

13世纪初，印度北部建立了德里苏丹国。国家最高统治者苏丹集所有权力于一身；地方划分为行省，行省总督由苏丹任命。德里苏丹国以伊斯兰教为国教，重要职位均由穆斯林担任，伊斯兰教逐渐在印度传播开来。至1500年，信奉伊斯兰教的人口已达印度总人口的四分之一左右。14世纪末，德里苏丹国遭遇外来入侵，逐渐衰落，16世纪初灭亡。

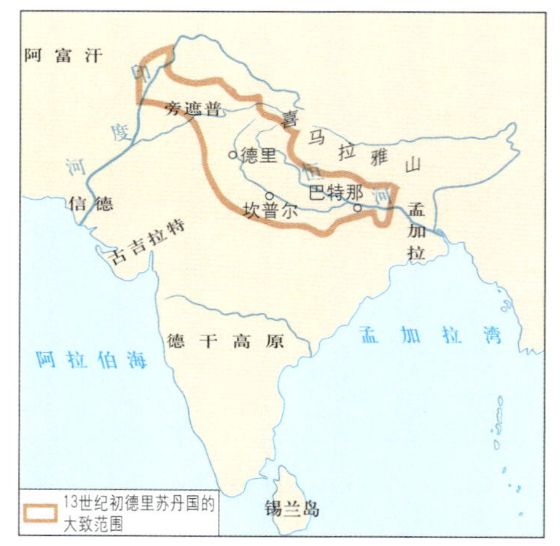

德里苏丹国示意图

中古时期的日本

645年，日本发生了宫廷政变。政变的主谋是中大兄皇子，他深受中国文化影响，希望效仿隋唐王朝建立中央集权。政变消灭了反对改革的贵族势力，受中大兄皇子支持的孝德天皇继位，建年号为“大化”。646年，天皇颁布诏书，实行改革，史称“大化改新”。

大化改新的内容主要有两方面。经济上实行班田收授法。将所有土地收归国有，由国家按照人口的数量和年龄把土地授予民众，接受土地者必须为国家服劳役和缴纳租税。民众所领田地不得买卖，身故后上交国家，国家则每隔6年重新班田。官僚贵族按照品级高低获得的土地为封地，以封地的租税为俸禄。政治上改革中央和地方制度。天皇为国家最高统治者，下设分掌政治、军事、户口、财政、监察和宗教等事务的机构。地方设国、郡、里三级，各级官吏均由国家任免。大化改新使国家全面掌握了土地和人口，在日本建立了中央集权制度。

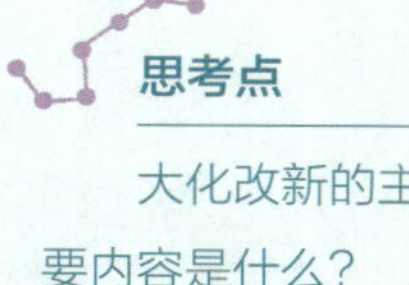

思考点

大化改新的主要内容是什么？

历史纵横

鉴真东渡日本

742年，两位日本僧人在扬州听到鉴真讲授戒律后，邀请他赴日传法。而鉴真连续5次尝试东渡日本均未能成功。753年，他终于登上日本遣唐使返航的船只。但这第6次航行仍不顺利，其中两艘船漂向南方，鉴真乘坐的船则于次年幸运到达日本。鉴真不仅在日本传播佛教，修建唐招提寺，而且把中国的建筑、雕塑和绘画等技艺带到日本，为中日文化交流作出了重要贡献。

► 日本奈良唐招提寺金堂

▲ 唐朝的开元通宝与日本的和同开珎[1]

看图学史

日本铸造的铜钱在哪些方面模仿了唐朝的钱币？

① 珎，同“宝”，是繁体汉字“寶”的异体字；一说同“珍”。

然而，班田制下的农民负担仍然沉重，一部分人逐渐破产，土地私有制发展起来。官僚贵族依仗权势兼并农民土地，成为大土地所有者。他们建立庄园，逐渐取得不向国家缴租纳税和不受地方官吏管辖的特权。破产农民和中小地主纷纷把自己的地产交给大土地所有者，以寻求保护。庄园主乘机扩大势力，雇佣武装人员保护庄园，武士阶层兴起。12世纪末，武士集团首领源赖朝击败其他势力，在镰仓建立幕府，实际掌握国家权力，日本进入幕府政治时期。

人物扫描

源赖朝，日本古代政治家，出身贵族。1180年，他利用内战起兵，夺取政权。1192年，他从朝廷取得征夷大将军称号，在将军府陆续设置各类机构管理全国政事。因将军府又称为幕府，他所建立的制度被称为幕府政治。

源赖朝（1147—1199）

幕府政治下，幕府控制全国的政治、经济、军事和司法权力，天皇及其朝廷成为傀儡。地方上，幕府派武士出任地方官，主要承担作战和警卫职能。幕府还用武士监管庄园，征收租税。13世纪前期，幕府颁布法典，规范武士的行为。这些措施调整了统治阶级之间的关系，有利于社会秩序的稳定和经济发展。镰仓幕府崩溃后，日本先后经历了室町幕府和德川幕府的统治。德川幕府建立于17世纪初，面对西方的殖民扩张，一面继续实行专制统治，一面严格限制与西方的贸易，严重阻碍了日本对外来文化的吸收和经济的进一步发展。

学习探究

阿拉伯帝国和古代日本都在融合外来文化的基础上创造了自己的文化。结合课文，谈谈外来文化对阿拉伯和日本历史的发展产生了哪些影响。

拓展阅读

古代朝鲜

7世纪中后期，新罗初步统一朝鲜半岛，模仿中国唐朝建立中央集权国家。10世纪初，新罗人王建建立高丽王朝，也效仿唐朝制度，在中央设三省六部，将地方划分为十道，采用科举考试选拔官员。14世纪末，高丽大将李成桂自立为王，改国号为朝鲜。16世纪末，日本侵略朝鲜，中国明朝应朝鲜请求派兵支援。经过7年奋战，中朝军民取得了胜利。

第5课
中古时期的非洲和美洲

在非洲国家发展过程中，对外贸易发挥了重要作用。北非的南部边缘地带产盐，西非内地盛产黄金，两地之间的互通有无，催生了跨越撒哈拉沙漠的贸易。货物的运输主要依靠骆驼、马和驴等。右图为19世纪德国艺术家创作的版画，描绘的是一支行进在西撒哈拉贸易线上的商队。

▲ 沙漠商队（绘画）

中古时期的非洲

中古时期，在北非地区以外的非洲大陆上，还有阿克苏姆、马里和津巴布韦等国家。

阿克苏姆王国位于今埃塞俄比亚境内，毗邻红海，地处印度洋和地中海之间的交通要道，贸易比较发达。约2世纪，阿克苏姆王国开始兴起。3世纪，又征服阿拉伯半岛南部的也门，控制了印度洋通向地中海的红海商路。阿克苏姆王国鼎盛时期，一度将疆土向北推进至埃及南部，形成一个地跨红海两岸的大国。6—7世纪，阿克苏姆王国卷入波斯和拜占庭之间的战争，逐渐衰落。

▲ 阿克苏姆石碑

巨型石碑是阿克苏姆文明的一个重要标志，由整块花岗岩巨石雕凿而成，碑顶呈弧形，碑身刻有铭文和图案。

历史纵横

东非的城市国家

10—15世纪，东非沿海地区先后产生一系列城市国家，著名的有基卢瓦、桑给巴尔、蒙巴萨和摩加迪沙等。这些国家积极参与印度洋贸易，输出象牙、黄金和奴隶，输入瓷器、玻璃、陶器和棉布等，与中国也有贸易往来。

思考点

古代马里强盛的原因是什么？

马里是西非地区的一个古国，兴起于13世纪，在国王曼萨·穆萨统治时最为强盛。马里人的富有源自发达的农业、手工业和商业，尤其得益于穿越撒哈拉沙漠的贸易。马里控制了金矿的生产以及通向北方的商道，每年定期派商队前往北非和埃及，获得丰厚的收入。

1324年，马里国王曼萨·穆萨途经开罗，前往麦加。据说他的出行队伍非常庞大，人数达8 000人。队伍最前面是500名奴隶，他们身上佩戴着大量黄金饰品，手执金杖。队伍中有100头骆驼，每头骆驼驮运着约135千克黄金。到达开罗前，穆萨派使者送给埃及苏丹5万金第纳尔[①]。到达开罗后，穆萨又向苏丹的每位大臣赠送了数量可观的黄金。开罗的商人和普通市民也拿出各种货物与穆萨的随从交换黄金。因黄金流通量骤增，开罗金价大幅下跌。穆萨的这次旅行使马里富有的名声传遍世界。十多年后，开罗人仍在谈论穆萨的慷慨。1375年西班牙人绘制的世界地图上，也把手持金块的穆萨作为西非的标志。

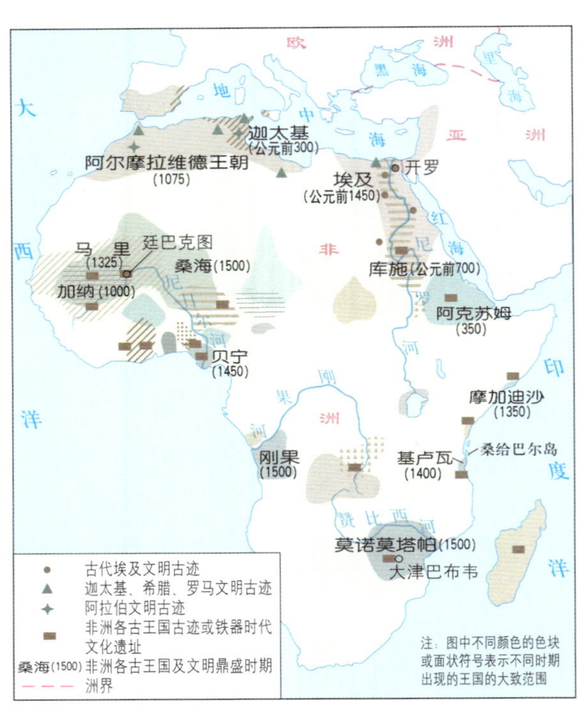

非洲古代主要国家和文化遗址示意图

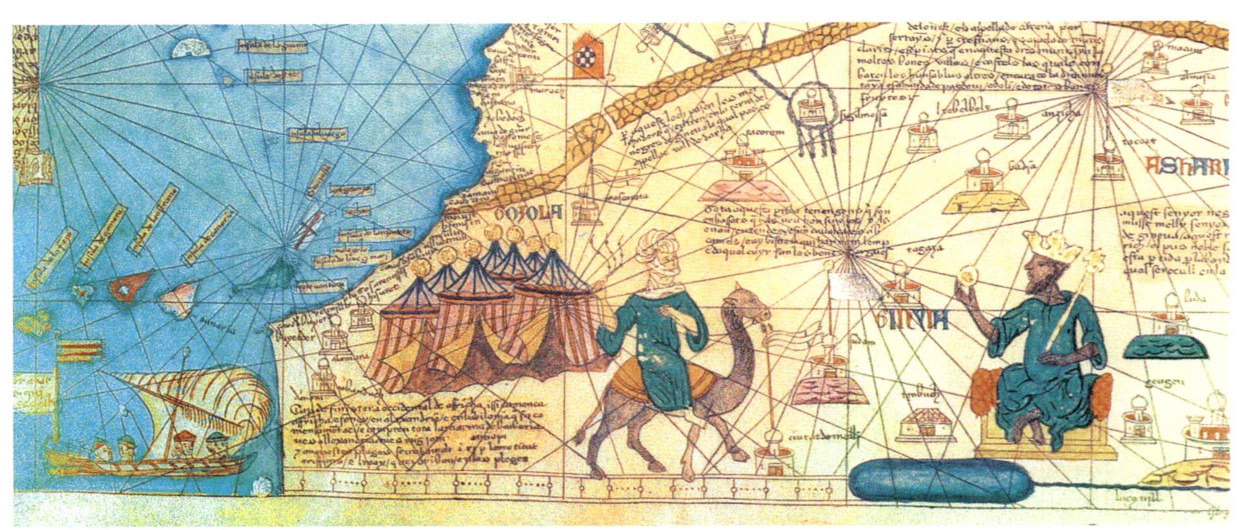

加泰罗尼亚地图上的曼萨·穆萨

① 第纳尔，是阿拉伯帝国的一种货币，后在西亚、北非地区广泛使用。

14世纪末，马里遭遇内乱和外来入侵。原为马里属国的桑海乘机获得独立，并四处扩张。15世纪中后期，桑海攻灭马里，成为西非霸主。16世纪末，桑海因遭外来入侵，逐渐衰落。

南部非洲文明以大津巴布韦为代表。11世纪末，津巴布韦地区出现了国家。14世纪，莫诺莫塔帕王国兴起，以大津巴布韦为都城，并进行了大规模建设。津巴布韦的原意是“石头城”，此前已有约千年的历史。经过改造后的大津巴布韦分内外两部分，外城是要塞，内城包括宫殿、神庙和住宅等。城墙厚达5.5米，高近10米。城内的高塔也有10米高，雄伟壮观。全部建筑用花岗石砌成，非常坚固。

▲ 大津巴布韦遗址

中古时期的美洲

在古代美洲大陆上，先后产生玛雅、阿兹特克和印加三大文明。

1839年，美国人斯蒂芬斯和他的同伴穿越茫茫密林，到达洪都拉斯境内的科潘河畔，寻找传说中的古建筑群。他们的旅途异常艰辛，树木遮天蔽日，驮行李的骡子在沼泽地中艰难跋涉，天气闷热，还有成群的蚊子不时袭击人和驮畜。随着探险的深入，他们发现一堵由石块砌成的墙和一座高台，以及一座雕刻非常精美的石碑，这就是后来闻名于世的玛雅文明的遗迹。接着，他们又考察了墨西哥的尤卡坦半岛等地，找到了更多的石雕、墙壁、阶梯和高台，以及大量其他古迹。1841—1843年，斯蒂芬斯陆

古代美洲文明示意图

续出版著作，系统介绍了他们的考察和发现，引起了广泛的关注。随着研究的深入，玛雅文明的神秘面纱被揭开。

玛雅人生活在今墨西哥南部、危地马拉和洪都拉斯一带。早在公元前3世纪，当地就出现了农业和定居的村庄。3—9世纪，玛雅文明进入繁荣时期。他们种植玉米、棉花和可可等农作物，社会内部已有明显的阶级分化。他们建立了数十个城市国家，人口从1万到数万不等，相互之间经常爆发战争。10世纪以后，玛雅文明逐渐衰落。

玛雅人有发达的文化，他们的建筑和历法都令人惊叹。最具代表性的建筑是金字塔，呈斜锥形。最大的金字塔底边周长达140米，高40米。塔面有台阶，塔顶是神庙。玛雅人的历法多达4种，其中一种太阳历把1年分成18个月，每月20天，年底另加5天，并且每隔一定年份会设置闰年。

1100年前后的玛雅城市奇琴·伊察复原图（绘画）

图中广场的中心是玛雅人的金字塔神庙。

14世纪，阿兹特克人定都于特诺奇蒂特兰。他们有较为发达的农业，人们种植玉米、豆类、南瓜、番茄、烟草和棉花等。16世纪初，阿兹特克国家处于强盛时期，统治着整个墨西哥谷地，势力延伸至今危地马拉。都城特诺奇蒂特兰是当时中美洲最大的城市，城中楼阁高耸、宫殿巍峨、道路宽阔，有坚固的防洪堤坝和专用的供水水道。整个城市至少有40座金字塔形的神庙，其中位于广场上的大神庙地基面积有2 000多平方米，整个建筑物高50米，需要爬上50级台阶才能到达神庙的主体部分。

阿兹特克人有贵族、平民和奴隶的区分。平民和奴隶需要为贵族耕种土地，并缴纳部分收成。国王由选举产生，拥有崇高的政治地位，掌握最高军事权力。地方划分为若干行省，由官员或部落首领管辖。

◄ **阿兹特克人的税收记录**

根据记录，这个城镇每两年需要向国王上缴女裙、男裙、盔甲、玉米和鹰等实物。

阿兹特克人和其他部落结成联盟，四处征战，被征服者要向阿兹特克人纳贡。然而，他们与盟友以及被征服的部落之间存在错综复杂的矛盾。1519年，西班牙殖民者入侵墨西哥，挑动其他印第安人部落进攻阿兹特克人。1521年，特诺奇蒂特兰被攻陷，阿兹特克国家灭亡。

人物扫描

蒙特祖马一世，阿兹特克著名的国王。他在位期间多次发动战争，把势力扩展至墨西哥湾。他修建水道，改善了特诺奇蒂特兰的供水和卫生设施；在城市东部修建一道堤坝，以防止雨季湖水泛滥。他的措施推动了政治、军事和文化的发展，为阿兹特克的霸权奠定了基础。

◄ 蒙特祖马一世（1440—1469年在位）登基（绘画）

南美的印加人兴起于13世纪初。15世纪中后期，印加人通过征服战争，以今秘鲁为中心创建了一个庞大帝国，首都是库斯科。帝国面积约90万平方千米，人口约600万。为加强统治，印加人在帝国内修建了多条道路。道路总长约40 000千米，沿线设有驿站和要塞。这些道路强化了印加帝国的中央集权，也有助于帝国官方语言和宗教的传播。

▲ **印加遗址马丘比丘**

马丘比丘位于秘鲁古城库斯科西北75千米处，既是军事要塞，也有宫殿和神庙。所有建筑由打磨整齐的石块垒砌而成。

印加人在天文、历法、医学和建筑等领域都取得重要成就。他们知道使用多种药物，还会做开颅手术。他们没有文字，采用结绳记事。方法是在一根粗大的绳索上，系上许多颜色和长度不等的细绳，有专门人员在细绳上打结。不同类型的结代表不同的含义，用来记录人口、税收和劳役等，有些绳结达到100多个。

学习探究

古代非洲、美洲人民创造了独特的文明，与亚欧文明共同展现了世界文明的多元面貌。列表整理古代非洲、美洲建立的主要国家和它们的文化成就。

拓展阅读

印加人的开颅手术

印加人很早就能做开颅手术，治疗神经性头痛、癫痫等疾病。一种办法是医生用简单的刀子在患者头骨局部刻划出矩形的沟槽，达到一定深度后，将其中的头骨取出来。另一种办法是用刀子、锤子和凿子等，在头上通过钻孔、切割等办法，开出环形的沟槽，取出头骨。在秘鲁，发现了许多做过手术的头骨，有些人甚至做过多次开颅手术。据研究人员统计，大约一半的人术后康复了。在原始的技术条件下，印加人只有通过多代人的经验积累，才能完成如此高难度的手术。这体现了印加人高超的医术。

▲ 做过开颅手术的印加人头骨

第三单元

全球联系的建立与资本主义的兴起

14世纪，意大利出现了资本主义萌芽，新兴资产阶级开始崛起。文艺复兴运动随之兴起，后向西欧其他地区扩展。此后的二三百年间，宗教改革、科学革命和启蒙运动在西欧相继发生，解放了人们的思想，为资本主义的发展奠定了思想基础。15、16世纪，以葡萄牙和西班牙为首的欧洲国家开辟了前往美洲和亚洲等地区的新航路，初步建立起全球联系，世界市场开始形成。在从事商业贸易的同时，欧洲国家进行殖民侵略，掠夺大量财富，扩大海外市场和原料产地，为资本主义的发展创造了物质条件。17、18世纪，英国、美国和法国的资产阶级通过革命或独立战争，建立资本主义制度。世界历史进入资本主义时期。

通过本单元的学习，知道文艺复兴、宗教改革、近代科学革命和启蒙运动，认识这些事件对世界历史的影响；了解新航路开辟、西方早期殖民扩张和整体世界的初步形成；了解欧美国家资产阶级革命的原因、过程，认识其历史意义。

第6课
欧洲的思想解放运动

右图是16世纪初意大利画家拉斐尔的一幅作品。画中既有柏拉图和亚里士多德等古希腊先贤，也有与作者同时代的意大利学者，画面展现了学者们探讨学问的场景。意大利的学者为什么要同古希腊先贤对话？这幅画反映了什么样的历史背景？

《雅典学院》（绘画）

文艺复兴

14世纪初，意大利佛罗伦萨诗人但丁完成长诗《神曲》。他在诗中把贤明的君主、睿智的学者安排在天堂，把高高在上却品行不端的教皇和那些盗贼、贪官污吏打入地狱。他号召人们不必盲从教会的说教，要勇于追求现世生活的幸福。《神曲》提出了与中古西欧教会不同的主张，预示着新思想的萌动。

但丁（1265—1321）

思考点

文艺复兴的主要内涵是什么？

意大利处于东西方贸易的交通要道，工商业发达。14世纪前后，佛罗伦萨、威尼斯、热那亚等城市产生了资本主义萌芽，以手工工场主、商人和银行家为主体的新兴资产阶级开始兴起。一些代表他们利益和诉求的知识分子从古代希腊和罗马的作品中找到共鸣，以此来反对中古时期的教条、禁欲和苦行。他们强调以人为中心，呼吁重视个人的尊严、价值与欲求，提倡宽容和世俗文化。这种思潮被称为人文主义。一场打着复兴古代文化旗号、倡导人文主义的早期资产阶级思想解放运动在意大利首先兴起，后人称这场运动为“文艺复兴”。

但丁是文艺复兴的先驱，在他之后，意大利涌现了一批杰出的文学家，彼特拉克和薄伽丘是其中的代表。他们两人和但丁一起，被誉为文艺复兴“文学三杰”。

思考点

“文学三杰”和“美术三杰”都是谁？他们有哪些重要作品？

◄ **彼特拉克**（1304—1374）

被誉为西方“人文主义之父”，代表作是《歌集》。他说：“我不想变成上帝，或者居住在永恒中，或者把天地抱在怀里……我自己是凡人，我只要求凡人的幸福。”

▲ 米开朗琪罗创作的雕塑《被缚的奴隶》

在文艺复兴期间，一些伟大的艺术家也脱颖而出，达·芬奇、米开朗琪罗和拉斐尔被称为文艺复兴“美术三杰”。与中古时期被宗教所限制的人物呆板形象不同，他们的作品无论是绘画还是雕塑，都展现了现世中的人性之美，充满了人性的光辉。

人物扫描

达·芬奇，出生于佛罗伦萨附近的一个小镇，年轻时就在绘画方面表现出非凡的天赋。他的作品人物形象生动，心理活动被刻画得淋漓尽致，代表作《蒙娜丽莎》《最后的晚餐》等深得世人的赞赏。达·芬奇除了绘画方面的成就，还热衷于解剖学、生理学、物理学、地质学等科学领域的研究。他正确全面地描述了人体骨骼并摹画了人体的全部肌肉组织。他还有许多在当时看来是奇思妙想的设计，有的付诸实施，有的画出了草图，如飞行器、降落伞、攻城武器、抽水机等。

▲ 达·芬奇（1452—1519）和他的直升飞机设计手稿

15—16世纪，文艺复兴由意大利向西欧其他国家和地区扩展。法国的拉伯雷和英国的莎士比亚是著名的文学家，他们的作品通过精彩动人的故事，赞美了人性和自由。

历史纵横

《哈姆雷特》

悲剧《哈姆雷特》是莎士比亚的代表作之一，创作于16世纪末17世纪初，描写了丹麦王子哈姆雷特为父报仇的故事。主人公哈姆雷特有许多经典的台词，反映了当时人文主义思想的影响。在剧中，哈姆雷特这样高歌："人类是一件多么了不得的杰作！多么高贵的理性！多么伟大的力量！……宇宙的精华！万物的灵长！"

文艺复兴传播了人文主义思想，冲破了教会的禁锢，解放了人们的思想，为资本主义的兴起和发展奠定了思想基础。

宗教改革

马丁·路德（1483—1546）

1517年10月的一天，在德意志小城维滕堡，马丁·路德著文对罗马教廷兜售赎罪券的行为进行了猛烈的抨击，这就是后来著名的《九十五条论纲》。当时，德意志地区四分五裂，大大小小的邦国或自由市各行其是，成为教会搜刮的对象，被称为"教皇的奶牛"。教会为敛取钱财推销赎罪券，引起很多人的愤怒。路德反对赎罪券，认为只要有虔诚的信仰，灵魂就可以获得拯救。他主张每个人都可以直接阅读和解释《圣经》，无须通过教皇和教会。

维滕堡教堂大门

马丁·路德当时将《九十五条论纲》张贴在这座教堂的大门上，后该文被刻在此处。

《九十五条论纲》产生了巨大反响，对教会不满的人纷纷支持路德，引发了德意志的宗教改革。此后，欧洲其他国家也加入其中，逐渐形成欧洲范围的宗教改革运动，路德派、加尔文派和英国国教等新的教派陆续产生，它们被统称为"新教"。新教反对天主教会的繁文缛节，主张建立廉俭教会，不再听命于罗马教廷，在一定程度上打破了教会对人们思想的禁锢，有利于新兴资本主义的发展。

历史纵横

亨利八世与英国宗教改革

15世纪以后，随着民族国家意识的觉醒和王权的强化，英国与罗马教廷的矛盾不断蓄积。当时，罗马教廷控制英国的天主教会，不但可以任命英国的大主教，每年还要向英国收取巨额贡金，甚至英国国王的婚姻都必须得到教皇的认可。英国国王亨利八世结婚多年没有儿子，于1527年向教皇申请与王后离婚，但遭到拒绝。亨利八世非常恼怒，决定自主任命英国的大主教，并拒绝向教廷交纳贡金。1533年，他自行宣布离婚，迎娶新王后，因此被教皇开除教籍。第二年，英国议会通过《至尊法案》，规定国王是英国教会的最高首脑，罗马教皇无权干涉英国教会事务。

科学革命

1543年，波兰天文学家哥白尼的《天体运行论》出版，在欧洲引起很大的震动。哥白尼大约在20年前就基本完成书稿，但直至临终前才见到样书，而这部书面世后不久就遭到教会的查禁。

哥白尼在《天体运行论》中提出“日心说”，认为太阳是宇宙的中心，地球和其他行星都围绕着太阳运动。日心说否定了长期以来教会所宣扬的地球中心说，引起教会的恐慌，但是得到布鲁诺等科学家的支持。17世纪初，意大利科学家伽利略通过望远镜观察太空，发现地球在围绕太阳转动，进一步证实了日心说。

人物扫描

布鲁诺，意大利科学家、哲学家，出生于那不勒斯，早年当过修道士。后来，他接受了哥白尼的日心说，对罗马教会的统治表示不满，被视为“异端”，不得不流亡于西欧各地。1584年，他在伦敦出版《论无限宇宙和世界》，提出太阳也不是宇宙的中心，只是太阳系的中心，宇宙是无限的。罗马教会对他恨之入骨，不择手段逮捕了他。1600年，他被烧死在罗马鲜花广场。

布鲁诺（1548—1600）

除哥白尼、伽利略等人在天文学领域的贡献之外，英国科学家牛顿还发现并总结了物体运动的三大基本定律，奠定了近代物理学的基础。

思考点

科学革命有哪些重要的意义？

16、17世纪，科学家们在天文学、物理学、数学、生物学等许多方面都取得了突破，被称为“科学革命”。科学革命促进了思维方式的变革，推动了生产力的发展。同时，科学革命使人们日益相信，通过自己的努力探索，可以发现许多自然现象背后的奥秘，不再完全迷信教会的说教，思想获得进一步解放。

启蒙运动

1778年2月10日，一位84岁的老人回到阔别29年的巴黎，受到热烈欢迎，甚至一些外国政要也来到巴黎，向他致敬。这位老人就是著名的启蒙思想家伏尔泰。

▲ **在若弗兰夫人沙龙里诵读伏尔泰的作品（绘画）**

这幅画描绘了1755年巴黎一位贵妇人举办的沙龙。画面正中摆放着伏尔泰的雕像。出席沙龙的是包括知识分子在内的一些社会名流，他们在热烈地探讨伏尔泰的作品。

17、18世纪，随着人文主义的传播和资本主义的发展，资产阶级摆脱专制王权和教会思想束缚的诉求日益强烈，英国等地出现了早期的启蒙思想。而此时的法国仍然实行君主专制制度，天主教会严重束缚着人们的思想。在批判天主教会、追求思想解放的运动中，以法国为代表的欧洲各国出现了一批杰出的启蒙思想家，将启蒙运动推向高潮。伏尔泰是法国启蒙运动的领袖，被誉为“法兰西思想之父”，他一生创作了大量脍炙人口的小说、戏剧、诗歌等作品，抨击君主专制和教会的腐败。此外，孟德斯鸠提出了“三权分立”学说，卢梭阐述了“天赋人权”和“人民主权”思想。

启蒙运动是一场轰轰烈烈的资产阶级思想解放运动。“启蒙”一词源于法文，意为“光明”“智慧”。启蒙运动旨在以理性和科学的光芒，驱散蒙昧、迷信、宗教狂热和专制统治带来的黑暗。启蒙思想家不仅仅满足于对人性的尊重，而且要求获得人自身的解放。他们否定外在权威，认为人的“理性”才是判断是非的标准。

思考点

启蒙思想的主要特点是什么？

启蒙运动进一步解放了人们的思想，为资本主义制度的建立做了舆论宣传和理论准备，推动了美国独立战争和法国大革命的爆发。

学习探究

从14世纪开始，欧洲相继发生一系列思想解放运动。结合课文内容，说一说文艺复兴、宗教改革、科学革命和启蒙运动是如何促进人们思想解放的。

拓展阅读

《百科全书》和百科全书派

18世纪中后期，在狄德罗的领导下，法国160余名具有启蒙思想的著名文学家、思想家和科学家，历时20多年，编纂了一部包罗万象的《百科全书》。这部书出版了28卷，后来又增补了7卷。编写者的观点虽然不尽相同，但他们都反对封建专制统治和天主教会的思想束缚，倡导思想解放，向往合理的社会。他们被称为百科全书派。百科全书派传播的自由、平等和民主思想，为1789年爆发的法国大革命做了舆论准备。

► 狄德罗主持编纂的《百科全书》书影

第7课

全球航路的开辟和欧洲早期殖民扩张

经过在大西洋上两个多月的航行，1492年10月12日，意大利航海家哥伦布率领三艘西班牙帆船终于抵达陆地。哥伦布以为他到达的是印度，所以称当地的居民为“印第安人”（即“印度的人”）。其实，他到达的是一片不为欧洲人所知的岛屿。这些岛屿及附近的大陆就是现在的美洲。哥伦布“发现”美洲，是欧洲开辟新航路过程中的一个重大事件。

▲ 哥伦布登上美洲土地（绘画）

全球航路的开辟

思考点

促成新航路开辟的因素有哪些?

15世纪，随着奥斯曼帝国的崛起，东西方之间的传统商路受阻，欧洲市场上的香料等来自东方的商品价格暴涨。同时，欧洲的商业和工场手工业日益发展，迫切需要扩大海外市场。《马可·波罗行纪》中关于东方国家财富遍地的描述更使欧洲人对遥远的东方充满向往。传播基督教的冲动和文艺复兴后思想的解放，也驱使欧洲人敢于冒险前往未知的世界。地理知识的丰富、造船技术的发展和航海水平的进步，又为人们的远洋航行提供了必要的条件。

起初是葡萄牙人驾船沿非洲西海岸南下，探索前行。1488年，迪亚士到达非洲最南端。1497—1498年，达·伽马沿迪亚士的航线继续航行，到达印度，开辟了欧洲绕非洲大陆到东方的航路。

1519年，麦哲伦受西班牙国王委派，顺着哥伦布的航线到达美洲，穿过美洲大陆南端的海峡进入太平洋，又经过漫长的航行，终于到达了亚洲。麦哲伦虽在菲律宾丧生，但他的船队最终横渡印度洋，于1522年回到西班牙，完成了人类历史上的第一次环球航行。

人物扫描

迪亚士，著名航海家。1487年，他受葡萄牙国王委派，率领3艘船沿非洲西海岸南下。1488年2月，他到达非洲南端一块伸向海洋的地角。这一发现为找到通往东方的航路带来了希望，葡萄牙国王将其命名为“好望角”。1500年3月，迪亚士再次随一支由13艘船组成的船队出发。途中船队偏离航线，“意外”抵达美洲的巴西。5月，继续航行中的船队在好望角遭遇风暴，包括迪亚士在内的多名船员遇难。

迪亚士（1450—1500）

继葡萄牙和西班牙之后，英国、荷兰、法国等国家也开始探索由欧洲前往亚洲、美洲等世界其他地区的新航路，开辟了一些北半球高纬度地区的航路，还到达了南半球的澳大利亚和新西兰等地。这些探险航行逐渐开辟了全球航路，在世界主要的大洋和大陆之间建立起直接联系。

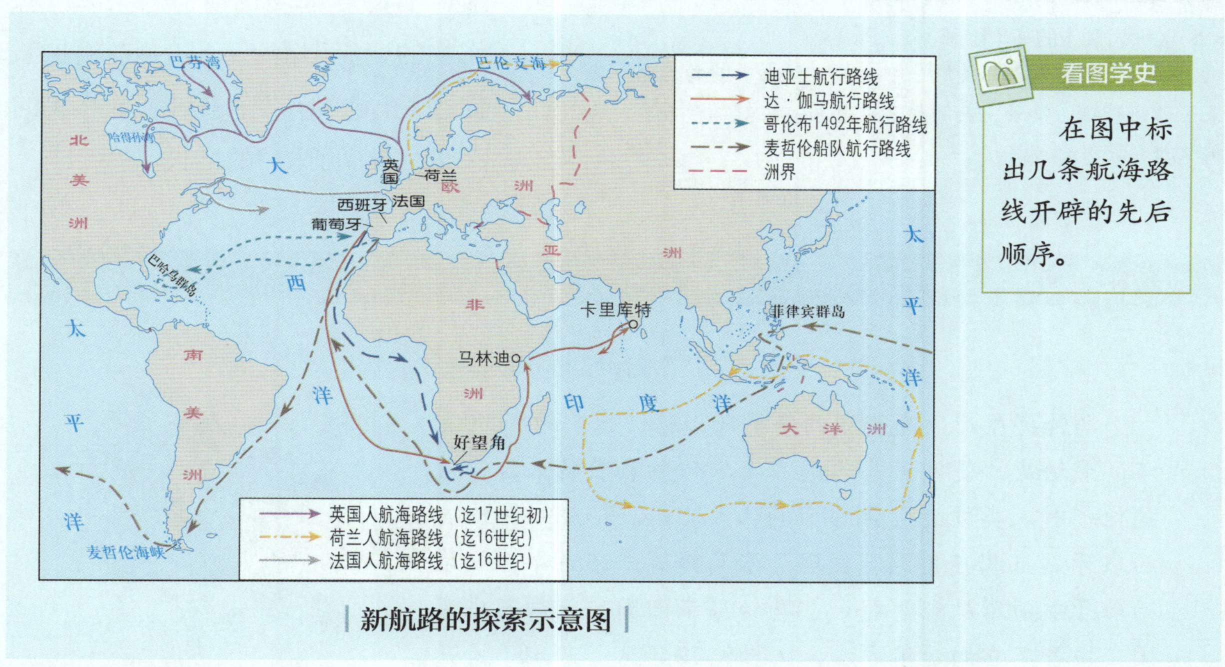

新航路的探索示意图

看图学史

在图中标出几条航海路线开辟的先后顺序。

全球联系的初步建立

哥伦布到达美洲不久，发现了一种之前没有见过的农作物——玉米。他在日记中称之为印第安谷物，觉得它的果实有点像小麦，“味道很好，能烤食，也能炒食，还能磨面”。哥伦布回到西班牙，将一包玉米粒作为礼品进献给西班牙国王。后来，第二支哥伦布船队的一些船员返回时，带回了玉米种子进行试种，玉米随之在欧洲传播开来，并逐渐由观赏植物变成欧洲一种重要的粮食作物。

思考点

“哥伦布大交换”对世界的影响有哪些？

哥伦布航行美洲之后，东西半球之间在动植物、人员、文化和思想等方面的交流日益广泛，深刻改变了世界各地人们的生产和生活方式。这就是所谓的“哥伦布大交换”。其中，农作物交流的影响特别巨大。

▲ 美洲岩画上的马（绘画）

这是印第安人在北美洲一个峡谷石壁上所刻的岩画，记录了骑马狩猎的情景。美洲原来没有马，新航路开辟后，马被欧洲人带到美洲。

除了玉米，原产于美洲的农作物，如甘薯、马铃薯、番茄、花生、南瓜和可可等也传播到欧洲和中国等世界各地。其中很多品种对土壤、气候条件要求不高，产量却很高，因而得到迅速推广。同时，欧亚大陆的马、牛、猪、羊、鸡等家畜家禽和大麦、小麦等农作物，以及橄榄、葡萄等水果也被引入美洲。农作物的交流丰富了人们的食物种类，促进了土地的开发，提高了农作物的产量，推动了人口的增长。

历史纵横

马铃薯的传播

马铃薯原产于南美洲的安第斯山脉，迄今约有7 000年的栽培史，是印第安人的主要农作物和食物来源，也是他们对人类饮食文化作出的伟大贡献。1536年，一支西班牙远征队在美洲“发现”了马铃薯。1551年，一位西班牙航海家从秘鲁将一些马铃薯带回国，并向西班牙国王报告了它的食用方法。16世纪70年代，西班牙人开始栽培马铃薯。此后，英国、爱尔兰等欧洲国家也陆续种植。马铃薯还逐渐传播到包括中国在内的世界其他国家和地区。恩格斯甚至将马铃薯的传入与冶铁术在欧洲的出现相提并论，认为它们都“在历史上起过革命性的作用”。

▲ 马铃薯图（绘画）

英国人绘于16世纪。

随着全球联系的加强，西欧国家的商人将世界各地的原料和消费品运到欧洲，把欧洲的产品销往世界各地，增加了商品的世界性流动，逐渐主导了世界贸易和世界市场。

在贸易和殖民活动过程中，欧洲人走向世界各地，特别是大量迁往美洲等殖民地。为了补充劳动力，殖民者从非洲贩运黑人到美洲当奴隶。

物种交换、商品世界性流动和人口迁移，使全球联系初步建立，世界开始走向一体。

西方早期殖民侵略

1493年3月，哥伦布回到欧洲后，在给友人的一封信中，描述了他在“印度”的经历：“我展开国王的旗帜，公开宣布替我们最幸运的国王占领了所有这些岛屿。”他希望能继续得到西班牙国王的支持，去掠夺这些土地上的财富，奴役当地那些“诚实”“热情”的印第安人。

1496年，西班牙在海地建立了第一个美洲殖民地圣多明各。此后，逐渐占领从北美南部到美洲最南端的大部分地区，建立了地域广阔的美洲殖民地。葡萄牙在巴西建立了殖民地。西班牙和葡萄牙占领下的美洲殖民地统称为“拉丁美洲”。在欧洲沿非洲海岸至亚洲的航路沿线，葡萄牙建立了一系列殖民据点和商站，并在1553年窃取了在中国澳门的居住权，西班牙则占领了亚洲的菲律宾。

▲ 西班牙的殖民侵略（绘画）

这是一幅15世纪末的版画，反映了西班牙人在美洲的殖民侵略活动。图左下方的人物是西班牙国王，他正指挥哥伦布的三艘船驶向一个小岛，岛上的印第安人纷纷逃跑。

荷兰、英国和法国等紧随葡萄牙、西班牙，加入殖民扩张行列。17世纪，荷兰垄断了海上贸易，在世界各地建立殖民据点，并一度占据中国的台湾。为争夺殖民地，欧洲殖民者之间爆发多次战争。英国相继打败西班牙、荷兰和法国，在18世纪成为最强大的殖民国家。

历史纵横

教皇子午线

在争夺殖民地的过程中，葡萄牙和西班牙之间的冲突日益加剧。1493年，罗马教皇亚历山大六世作出仲裁：在大西洋亚速尔群岛和佛得角群岛以西约550千米的地方，从北极到南极划一条分界线，史称“教皇子午线”。规定以这条线为界，东、西分别归属葡萄牙和西班牙，这是西方殖民者瓜分世界的开始。由于葡萄牙不满这一仲裁，两国在第二年又缔结条约，将这条线向西移动了约1 500千米。这样，巴西就被划入葡萄牙的势力范围。

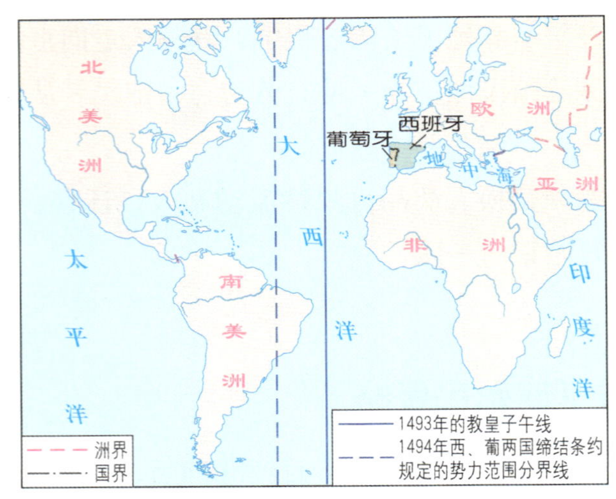

教皇子午线平面示意图

欧洲殖民者在殖民活动中，抢劫财物，奴役、屠杀当地人民。在美洲，奴役、屠杀以及殖民者带来的当地从未有过的天花等传染病，造成美洲印第安人大量死亡。据统计，至17世纪初，墨西哥的印第安人口减少了90%，有些地方的印第安人甚至遭到了种族灭绝。为了补充美洲殖民地的劳动力，欧洲人把枪支、纺织品和其他手工业制品从欧洲运到非洲，在当地换取黑人或直接抓捕黑人，然后把他们运往美洲卖为奴隶，再把美洲的金银或原材料等运回欧洲，形成了罪恶的“三角贸易”。在三角贸易存在的三百多年间，非洲丧失了近一亿的精壮人口。在亚洲，荷兰殖民者于1624—1662年侵占中国台湾，他们大肆掠夺当地财富，野蛮屠杀、奴役当地人民。英国殖民者在印度的搜刮更是肆无忌惮，1757—1765年间，仅东印度公司就从孟加拉国库中抢夺了526万英镑的财富。

看图学史

绘制“三角贸易”示意图。

▲ 从非洲被贩卖往美洲途中的黑人（绘画）

通过侵略，欧洲国家占据了广阔的殖民地，扩大了海外市场和原料产地，掠夺了巨额财富，促进了这些国家资本主义的发展。殖民侵略给殖民地人民带来深重的灾难，他们的家园被毁，生灵涂炭。殖民地成为宗主国的附庸，正常的社会发展进程被打断，传统的文明受到很大破坏。欧洲列强不断拓展殖民范围，打破了原有的相对平衡的多元文明格局，西方主导的世界殖民体系开始建立。

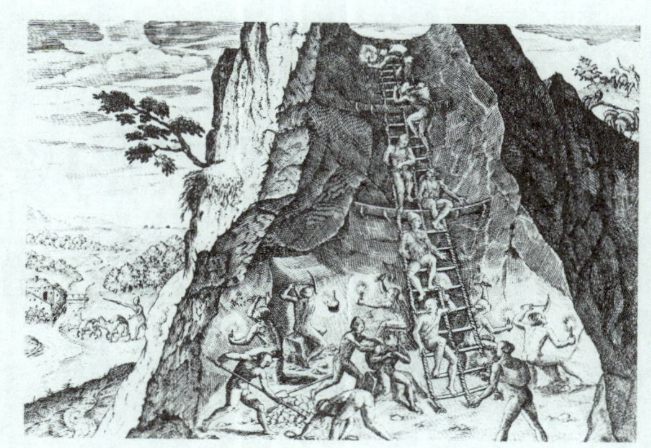

▲ 印第安人被迫在银矿劳动（绘画）

16世纪中叶，西班牙殖民者在拉丁美洲殖民地发现大型银矿，其产量一度超过当时世界白银总产量的一半。印第安人被驱赶到银矿劳动，因条件恶劣、劳动强度大而大量死亡。

学习探究

马克思说：“在欧洲以外直接靠掠夺、奴役和杀人越货而夺得的财宝，源源流入宗主国，在那里转化为资本。”结合课文内容，谈谈你对马克思这句话的理解。

拓展阅读

大帆船贸易

16世纪中后期，西班牙人开始将亚洲商品从菲律宾运往美洲销售。他们使用的是西班牙大帆船。这种船多数装了三桅，但也有四桅的特例，有高耸的船首和船尾甲板，配备了威力强大的加农炮，适于远洋作战和运输。因此，这种贸易也被称为“大帆船贸易”。西班牙人从美洲把银元、铜和可可等运到菲律宾的马尼拉，然后把中国、印度、日本等地产的丝绸、瓷器、茶叶和香料等运往欧洲或美洲殖民地销售，从中赚取巨额利润。很多中国商人也参与到这种贸易当中，用丝绸、瓷器、茶叶等商品换回大量银元。

▲ 西班牙大帆船（绘画）

第8课

欧美主要国家的资产阶级革命与资本主义制度的确立

1649年1月30日下午，英国伦敦白厅宴会厅外的广场上，一位身份特殊的犯人在众人面前被押上断头台。这名受刑者就是英国国王查理一世。他为什么被处死？这还要从英国资产阶级革命的发生说起。

▲ 处死查理一世（绘画）

英国资产阶级革命

16—17世纪，英国资本主义经济已有一定的发展，新兴资产阶级和按照资本主义方式从事经济活动的新贵族兴起并逐渐壮大，他们不再甘心忍受封建制度下的横征暴敛和各种限制，同国王的矛盾日益激化。根据英国的传统，国王征税须经议会批准。因此，资产阶级和新贵族常常以议会为阵地主张自己的权益，同国王斗争。国王查理一世则经常无视议会的权力，强行征税，与议会矛盾不断，甚至解散议会，实行无议会统治。

1637年，苏格兰爆发起义。为了筹措军费镇压起义，查理一世不得不在1640年召开议会，英国资产阶级革命开始。议员们在议会抨击查理一世的专制统治，要求限制国王的权力，双方矛盾激化。1642年，英国内战爆发。经过几年的战争，克伦威尔指挥的议会军取得胜利，查理一世被处死。此后，英国经历了共和国、军事独裁和王朝复辟的剧烈动荡。

思考点

《权利法案》的主要内容是什么？对英国社会发展有何意义？

1688年，英国发生“光荣革命”，巩固了革命成果。1689年，英国议会通过《权利法案》，以法律形式对国王的权力进行了明确的限制。该法案规定：议会定期召开，不经议会批准，国王不能征税，不得在和平时期维持常备军，也不能随意废除法律和停止法律的执行。从此，君主立宪制在英国逐步建立，确立了资产阶级的统治地位，为资本主义的发展扫清了道路。

历史纵横

英国的责任内阁制

英语中内阁一词“cabinet”，本意是小房间或密室。“光荣革命”前，英国国王经常召集少数重要人物在自己的密室开会，商讨政事，由此形成了内阁制的萌芽。“光荣革命”后，议会的权力增大，国王的权力受到越来越多的限制，国王逐渐不再出席内阁会议。18世纪20年代，担任财政大臣的议会多数党领袖沃波尔经常主持内阁会议，英国的责任内阁制开始形成，沃波尔实际上成为英国历史上的第一位首相。在责任内阁制下，首相是内阁首脑，各部大臣是内阁成员。首相由议会多数党领袖担任，有权提名各部大臣和其他高级官员，主持内阁会议，掌握国家的行政大权，并能通过议会对立法活动施加影响，是事实上的政府最高领导人。内阁名义上对国王负责，实则对议会负责。议会如果通过对政府的不信任案，内阁就要垮台。在国王的许可下，首相也有权解散议会，重新选举。

美国独立战争

17世纪初，英国在北美开始殖民活动。至18世纪英国已在北美洲建立了13个殖民地。很多英国人以及欧洲其他国家的移民来到北美洲。他们蛮横地驱赶当地的印第安人，按照欧洲的方式发展生产，还强制从非洲贩来的黑奴在种植园劳动。随着英属北美殖民地社会经济的发展，殖民地之间的联系日益密切，初步形成了统一市场。

18世纪中期，英国财政紧张，决定对北美殖民地加税，并向当地倾销商品。殖民地人民忍无可忍，奋起反抗。1775年4月，当地民兵与英国军队在波士顿附近的莱克星顿村交火，美国独立战争爆发。

历史纵横

波士顿倾茶事件

1773年，英国政府允许东印度公司将茶叶运到北美殖民地销售，而且不经过进口商，直接零售。殖民地民众认为自己的利益受损，不让东印度公司的茶船靠岸卸货，但遭到拒绝。1773年12月16日夜，一群波士顿人登上茶船，把几百箱茶叶全部倒入大海。这就是波士顿倾茶事件。此后，殖民地人民与英国政府的矛盾更加尖锐，抗议不断。

▲ 1776年签署《独立宣言》（绘画）

1776年7月4日，在费城召开的大陆会议通过《独立宣言》，宣告北美13个殖民地脱离英国的统治，成立一个独立的国家——美利坚合众国。

《独立宣言》颁布后，美国人民同英军进行了英勇的战斗，并得到法国等国的支持。1781年，英军向美军统帅华盛顿投降。两年后，英国正式承认美国独立。从此，美国摆脱了英国的殖民统治，走上独立发展的道路。

思考点

谈谈你对1787年美国宪法的看法。

1787年，美国制定了宪法。宪法规定，美国是一个联邦制国家，各州保留部分自治权，但国防、外交和涉及国家根本利益的权力归属联邦政府。美国总统是国家元首和政府首脑，执掌行政权；国会和最高法院分别掌握立法权和司法权。这部宪法是第一部比较完善的资产阶级成文宪法，它维护了美国的统一，有利于美国资本主义的发展。这部宪法也有其局限性，如承认奴隶制的存在，未给予妇女、黑人和印第安人与白人男性公民同等的权利。

法国大革命

1789年7月14日，在法国巴黎，愤怒的群众奔向城东的巴士底狱。这里设防坚固，关押着政治犯。当国王路易十六听闻监狱被攻占的消息时，吃惊地问道："怎么，这不是造反吗？"他的宠臣答道："不，陛下，是一场革命。"

▲ 攻占巴士底狱（绘画）

革命前的法国是欧洲典型的封建专制王权国家，全体社会成员分为三个等级。第一等级天主教高级教士和第二等级贵族拥有特权，不用交税。第三等级包括农民、工人和资产阶级等，承担国家的税赋，却没有相应的政治权利。同时，法国人民深受启蒙思想的影响，美国独立战争的胜利更增强了他们的信心。

1789年5月，法国国王路易十六为了征税，重新召开中断多年的三级会议。第三等级的代表要求实行一人一票表决权的规则。在遭到拒绝后，他们自行成立了“国民议会”。路易十六试图抓捕第三等级的代表，引起普遍的不满。愤怒的民众开始自发走上街头集会游行示威。7月14日，巴黎人民经过大约4个小时的战斗，攻占了巴士底狱，法国大革命爆发。此后，革命形势迅速发展，资产阶级掌握了政权。制宪议会发布《人权宣言》，宣称人生来自由，权利平等，私有财产神圣不可侵犯。1792年，法国废除君主制度，建立了法兰西第一共和国。1793年，路易十六被送上断头台。

法国大革命形势图

革命爆发后，欧洲的一些国家借机干涉和入侵法国，法国国内的反动势力也发动叛乱。1793年，以罗伯斯庇尔为首的雅各宾派掌握了政权。雅各宾派把没收的贵族土地分成小块出售给农民，基本满足了农民对土地的要求。依靠农民的支持，雅各宾派平定国内叛乱，击退了外国干涉军，将法国大革命推向高潮。

人物扫描

罗伯斯庇尔，法国大革命时期政治家，早年当过律师和法官，1789年当选为第三等级代表。法国大革命期间，一些资产阶级激进派经常在巴黎的雅各宾修道院集会，逐渐形成了雅各宾派，罗伯斯庇尔在其中发挥了重要作用，成为雅各宾派的领袖。他领导雅各宾派政府采取一系列严厉措施，抗击国外干涉势力，镇压国内反对派，克服经济困难，但也遭到很多人的反对。1794年，法国发生政变，罗伯斯庇尔被送上断头台。

► 罗伯斯庇尔（1758—1794）

1799年，拿破仑·波拿巴掌握了政权，1804年称帝。对内，他颁布法典，巩固资产阶级革命的成果；对外，多次击败外国干涉军，打击欧洲的封建势力，一度在欧洲大陆建立霸权。最终，拿破仑被国内外反对

思考点

谈谈你对拿破仑对外战争的看法。

力量联合打败，大革命中被推翻的旧王朝复辟。此后，共和制、君主制在法国轮番上演，直至1875年，法国的资产阶级共和制才最终确立。

资本主义制度的确立

随着资产阶级革命的完成，英国、美国和法国相继确立了资本主义制度。与封建制度相比，资本主义制度是历史的进步。英国的君主立宪制、美国的联邦共和制和法国的共和制是资本主义制度的主要代表。在资本主义制度下，资产阶级不同的利益集团组建的政党通过选举轮流执政，避免了封建制度下的世袭统治，同时，生产力得到了快速发展。

资本主义制度建立在私有制的基础之上，归根到底是一种剥削制度，不同资产阶级政党最终代表的都是资产阶级的利益，根本目的是维护资产阶级的统治。在这种制度下，欧美国家不约而同地走上了对内残酷剥削工人、对外疯狂殖民扩张的道路。

学习探究

唯物史观认为：经济基础决定上层建筑，上层建筑反作用于经济基础。请运用这一理论，谈谈欧美国家资产阶级革命的根本原因和主要作用。

拓展阅读

拿破仑和拿破仑帝国

拿破仑·波拿巴出生于法国的科西嘉岛。法国大革命爆发后，他支持革命。1793年底，他在抗击保王党和外国干涉军的土伦战役中立下战功。不久，被破格晋升为准将。此后，他因屡立战功和卓越的军事才能而迅速崛起。1799年，他发动政变，成为法兰西第一共和国的执政官，5年后，加冕为法兰西第一帝国皇帝。法兰西第一帝国也被称为拿破仑帝国。他颁布了宪法、刑法和民法等法典，其中最为重要的是《法国民法典》，也称拿破仑法典。法典肯定了资产阶级革命的成果，具有进步意义。他指挥下的法国军队所向披靡，控制了欧洲大陆大部分国家和地区。1812年，拿破仑率军远征俄国失败。英国趁机联合普鲁士和奥地利与俄国一起向法国发动进攻。1813年，双方在莱比锡会战，法军再败。1814年，他被迫宣布退位，拿破仑帝国覆灭。第二年他短暂复位，但很快被英、俄等欧洲国家组织起来的第七次反法同盟打败。他再次被赶下台，并被流放到大西洋上的圣赫勒拿岛，几年后在那里病逝。

▲ 拿破仑·波拿巴（1769—1821）

第四单元

工业革命与马克思主义的诞生

资本主义制度的建立为资本主义经济的进一步发展创造了条件。18世纪中后期，英国首先发生了工业革命，机器生产开始取代手工劳动，生产力大幅度提高。从19世纪70年代起，发电机和内燃机等新发明和新技术大量涌现，欧美发生了第二次工业革命。进入工业时代后，人类社会生活各方面都发生了巨大而深刻的变化，近代职业教育也应运而生。随着资本主义的发展，资产阶级与工人阶级的矛盾日益尖锐，工人运动兴起。马克思、恩格斯在吸收前人优秀思想文化成果的基础上，结合工人运动的实际，创立了马克思主义，为工人运动提供了科学理论的指导，促进了工人运动的发展。

通过本单元的学习，知道两次工业革命的基本史实，通过对比了解两次工业革命的特点，认识两次工业革命的意义和影响；了解近代职业教育的兴起与发展；知道马克思主义产生的时代背景；了解《共产党宣言》和马克思主义的内涵，认识马克思主义诞生的历史意义；知道第一国际和巴黎公社。

第9课
改变世界的工业革命

1825年9月的一天，在从英国的斯托克顿至达灵顿的铁路上，“旅行者号”蒸汽机车牵引着数节车厢，冒着浓烟，以每小时大约25千米的速度向前行驶。数万人兴奋地聚集在刚刚建成的铁路旁，观看行驶的火车，发出了惊叹和欢呼。这是世界上第一列用于公共运输的火车，人类由此开启了铁路运输的时代。

▲ 1825年9月世界上第一条铁路通车（绘画）

第一次工业革命

思考点

18世纪中期，工业革命为什么率先在英国发生？

“光荣革命”后，英国确立了资本主义制度，政局稳定，经济迅速发展。资本主义农业的发展提供了充裕的农产品和自由劳动力，扩大了国内市场。随着殖民侵略范围的扩大，英国增加了资本的原始积累，获得越来越多的海外市场和廉价原料。手工业不断进步，手工工场数量增多，规模越来越大，工场内部的分工不断细化，工人的专业化水平越来越高，很多能工巧匠热衷于技术革新。同时，英国也是欧洲的科学技术中心之一。这些因素共同为技术改革和机器发明提供了条件。

历史纵横

圈地运动

大约从15世纪开始，随着商品经济的发展，在英国等西欧国家，新兴的资产阶级和新贵族常常以强制或者协议的方式圈占公共地和农民份地，建立私有的大农场或大牧场，这就是所谓的“圈地运动”。由于呢绒等商品出口增加，刺激了英国国内羊毛等农牧业产品价格的上涨。地主赶走农民，圈占土地养羊或生产其他市场行情更好的农产品，这种现象被形象地比喻为“羊吃人”。新兴的农牧场主革新技术，提高生产效率，获得了丰厚的利润。失去土地的农民，成了自由劳动力。圈地运动成为英国资本原始积累的一个重要手段，客观上促进了资本主义的发展。

棉纺织业是英国的新兴产业，受传统束缚较少，首先出现技术革新。1733年，钟表匠凯伊发明了一种新的织布工具“飞梭”，提高了织布速度。1764年前后，织工哈格里夫斯发明“珍妮纺纱机”，增加了纱线产量。此后，能工巧匠不断发明和改进纺纱机和织布机，推动了棉纺织业的机械化。1771年，阿克莱特建立了第一座水力纺纱厂，将机器和工人集中起来进行生产。工厂这种新的生产组织形式出现了。

▲ 飞梭（绘画）

这是一种织布用的带有轮子的梭子，安装在滑槽里，滑槽两端有弹簧，便于来回穿行。

▲ 珍妮纺纱机（绘画）

18世纪80年代，经过多年的研究和试验，瓦特试制出可以广泛使用的蒸汽机。这种蒸汽机提供了强劲、便利的动力，很快便应用于各个生产部门和交通运输领域，人类由此进入“蒸汽时代”。英国工程师斯蒂芬森成功研制出蒸汽火车。1825年，他亲自驾驶“旅行者号”完成第一次运行。继英国之后，欧美其他国家也陆续开始工业革命。机器生产取代手工劳动，是工业时代来临的显著标志。

历史纵横

瓦特改进蒸汽机

瓦特出生于苏格兰一个工人家庭，十几岁就到伦敦当学徒，后来在格拉斯哥大学当了一名机修工。在大学里，他一面工作，一面学习科学知识。1763年，他受命修理一台损坏的蒸汽机，发现当时的蒸汽机热量浪费太大，决定加以改进。两年后，他想到在汽缸后再加上一个冷凝器。经过反复试验，1769年，他造出了一台样机，并获得相关专利。1781年，他通过加装一个齿轮，将原来蒸汽机的直线的往复运动改为齿轮的旋转运动。1782年，他进一步设计出了双向汽缸，蒸汽轮流从活塞的两端进入，使热效率提高了一倍。后来，瓦特蒸汽机经过不断改进，效率越来越高，得到普遍使用。

▲ 瓦特（1736—1819）和他改进的蒸汽机（模型）

第二次工业革命

▲ 法拉第（1791—1867）和他在电磁感应实验中使用的线圈（模型）

1831年，英国科学家法拉第在一个软铁环上缠绕两个线圈，一个连接电池，另一个与电流计相连。接通或断开电源开关的瞬间，可以观察到电流计指针发生了偏转，这说明线圈中产生了感应电流。这就是电磁感应现象。人们由此知道，通过连续的运动磁体可以不间断地得到电流，并根据这一发现着手研制发电机。经过许多人的持续努力，19世纪70年代，实际可用的发电机问世，将电力转化为动力的电动机也被制造出来。电力作为更加清洁便利、动力更加强大的新能源进入生产和生活各个领域，人类进入“电气时代”。

人物扫描

爱迪生，美国发明家。他幼年时因各种原因，仅仅上了几个月学便辍学。但他刻苦自学，热衷发明创造，仅在美国就获得1 000多项专利。在他的所有发明中，电灯最为著名。电灯发明最为关键的是要有经久耐用的灯丝。为了找到合适的灯丝材料，爱迪生从传统的炭条到各种金属丝，共利用1 600多种材料，进行了数千次的试验。直到1879年10月的一天，他把炭化棉线装进灯泡，通电后，明亮的电灯一直使用了45个小时。这是人类历史上第一盏具有实用价值的电灯泡。此后，经过爱迪生的不断改进，电灯的使用寿命越来越长，开始进入人们的日常生产生活。

► 爱迪生（1847—1931）和他发明的电灯泡

内燃机的发明和应用是第二次工业革命的另一个重大成就。1876年，德国人奥托制造出了以煤气为燃料的内燃机。19世纪八九十年代，德国的工程师们又相继发明了使用汽油和柴油为燃料的内燃机。内燃机提供了便捷的动力，汽车、飞机等新型交通工具应运而生。在此期间，化学领域也取得重大突破，化学工业兴起，石油化学工业的发展尤其迅速。传统的钢铁、纺织、采矿等工业部门也通过技术改造，焕发出新的生机。

思考点

与第一次工业革命相比，第二次工业革命有哪些显著特点？

第二次工业革命在欧美许多国家几乎同时展开，其中，德国和美国发展最快，迅速成为工业强国。

工业社会的到来

1851年，英国在伦敦举办了人类历史上第一次世界博览会。博览会的展馆完全由钢铁、玻璃和木材建成，被称为“水晶宫”。博览会展示了许多引人注目的工业产品，如英国的火车机车、纺织机械，美国的割草机、播种机、缝纫机、照相机和快艇。这次博览会充分展现了工业革命的成果，反映了工业革命对人类生产和生活的影响。

▲“水晶宫”中展出的英国工业产品（绘画）

工业革命极大提高了生产力，也推动了经济结构的变化。工业逐渐成为社会经济的主要部门，农业所占比重开始下降，商业营销、交通运输和金融银行等服务业的重要性持续提升。

思考点

工业革命产生了哪些重要影响？

工业的发展带来阶级结构的变化，资产阶级和无产阶级成为社会的两个主要阶级。资产阶级日益富有，力量迅速上升，统治日渐稳固；无产阶级则相对贫困，人数众多，纪律性强，携手为改善自己的待遇积极斗争。

随着工业革命的推进，工业的生产和经营模式也发生了变化。工厂建立后，科学化管理受到重视。第二次工业革命后，日益复杂的生产技术、不断扩大的投资，促使竞争日趋激烈，生产更加集中，垄断组织开始产生。垄断组织一方面提高了生产效率，为资本家提供了高额利润；另一方面阻碍了竞争，导致经济的某些领域出现停滞。

看图学史

观察图片，你能得到什么信息？

▲ 19世纪英国重要的工业城市伯明翰（绘画）

工厂数量剧增催生了许多工业城市。城市不仅生产越来越多的产品，还容纳了更多的人口，但在城市化进程中贫富分化日益严重。资本家住在富人区的豪宅里，广大工人只能生活在条件恶劣的贫民区。同时，工业的发展还带来了日益严重的环境污染。

▲ 电话交换机前的女工（绘画）

1876年，美国人贝尔发明了世界上第一部电话。当时，电话要通过总机转接，接线员基本是女性。

随着技术的进步，技术人员和管理人员日益重要，他们的待遇逐渐得到改善，形成了所谓的“中间阶层”。同时，机器越来越复杂，对劳动者的文化素养要求不断提高，职业培训的重要性显著增加。越来越多的女性进入企业，她们的社会地位也逐渐提高。

工业革命促进了世界市场的发展。工业化国家向世界各地倾销工业品，也消费着世界其他地区生产的原料和产品，世界各地的联系更加密切。主要资本主义国家凭借强大的经济和军事实力，继续在世界各地大肆扩张。19世纪末20世纪初，资本主义世界经济体系最终形成。

学习探究

马克思、恩格斯指出：“市场总是在扩大，需求总是在增加。甚至工场手工业也不再能满足需要了。于是，蒸汽和机器引起了工业生产的革命。”联系第一次工业革命发生的背景，请你谈谈对这句话的理解。

拓展阅读

无线电通信的发明

1865年，英国人麦克斯韦从理论上预言了电磁波在空间的传播。1887年，德国人赫兹在实验中证实了电磁波的存在。根据科学家的研究成果，一些发明家意识到电磁波可以用于无线电通信，于是着手研制能够接收电磁波的设备。意大利科学家马可尼制造了一台金属粉屑检波器，又在发射机和接收机上安装了天线和地线。他的发明提高了发射和接收的效率，使得接收电磁波的距离越来越远。1901年，马可尼已经能够接收到跨越大西洋的电磁波。大约同时，俄国物理学家波波夫也独立发明了无线电通信。1906年，美国人费森登发明了无线电广播，使无线电波开始进入千家万户。

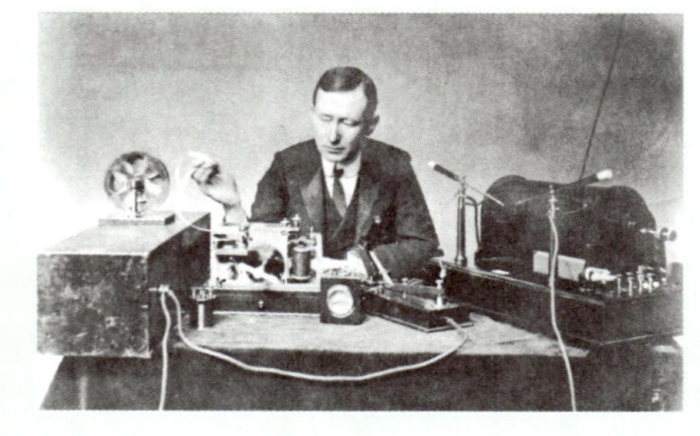

▲ 马可尼和他发明的无线电报机

第10课
马克思主义的诞生和国际工人运动的发展

1837年，英国工人向议会递交请愿书，要求获得普选权。这份请愿书以《人民宪章》的名义公布后，得到广泛响应，数百万工人先后在请愿书上签名。工人们走上街头，举行集会和游行，伸张权利，形成了规模浩大、持续十余年的宪章运动。

▲ 宪章运动（绘画）

马克思主义产生的时代背景

随着资本主义的发展，资本主义制度的弊端日益显现。1825年，英国爆发了第一次经济危机，大量产品积压，企业纷纷倒闭，工人失业。此后，每隔十年左右，资本主义国家就爆发一次经济危机。同时，工人虽然创造了大量财富，但是他们的政治和经济地位并没有得到相应改善，生产和生活条件非常恶劣。

历史纵横

早期工人阶级的悲惨生活

早期工人的生产条件非常恶劣，厂房狭小简陋，空气污染严重，工伤事故频发。工人每天要在这样的环境下工作十几个小时，却工资微薄，还时常面临失业，女工和童工的处境尤其悲惨。工人居住的贫民窟，房屋低矮破旧，街道狭窄拥挤，地面污水横流，天空浓烟密布，成了贫穷、疾病和犯罪滋生之地。

工人痛恨资本家的剥削，起初只是自发地捣毁工厂的机器，后来他们团结起来，为争取自己的权利而斗争。19世纪三四十年代，英

▲ 统治者派兵镇压西里西亚织工起义（绘画）

国工人开展了宪章运动，法国里昂工人和德意志西里西亚织工则发动了武装起义。他们共同的要求是改善工作条件，提高待遇。欧洲三大工人运动表明，无产阶级已经作为独立的政治力量登上历史舞台。

与此同时，法国的圣西门、傅立叶和英国的欧文等人对资本主义制度的弊端，特别是贫富分化日益严重的现象进行了猛烈抨击，主张建立没有剥削、人人平等的理想社会。但他们反对阶级斗争和暴力革命，寄希望于某些天才人物来改造社会，甚至期待剥削阶级来消灭剥削制度，其结果只能是空想。因此，他们的主张被称为“空想社会主义”。

思考点

为什么说空想社会主义是“空想”？

人物扫描

傅立叶，法国哲学家和经济学家，著名的空想社会主义者。他揭露资本主义社会分配和消费的不合理现象，认为资本主义经济危机是由生产过剩引起的，并将陷入恶性循环中。他设想建立一种以集体所有制为基础的生产消费合作组织“法朗吉”。每个“法朗吉”有1 600 ~ 2 000人，男女平等、人人劳动，按劳动、资本和才能分配收入。他计划招股建设“法朗吉”，每天在固定的时间待在家里等待富人来投资，但终其一生也没有等来一个送钱上门的富翁。

▲ 傅立叶（1772—1837）

马克思主义的诞生

1844年8月，马克思和恩格斯在巴黎见面。他们都来自德意志，也都只有20多岁，具有共同的理想。他们很早就关心社会现实，同情工人遭受的不公平待遇，认真研究资本主义社会，分析它存在的历史合理性和各种弊端。他们广泛吸收德国古典哲学、英国古典政治经济学和空想社会主义等优秀思想成果，总结工人运动经验，一起探讨人类社会发展的规律和资本家剥削工人的秘密，共同创立了马克思主义的科学理论体系。

人物扫描

马克思和恩格斯是马克思主义的创始人。马克思出生于德意志特里尔城，中学时代就树立了为人类谋幸福而工作的志向。大学时代，他广泛钻研哲学、历史学和法学等，探索人类社会发展的奥秘。获得博士学位后，担任《莱茵报》编辑，犀利抨击普鲁士政府的专制统治。后来，他遭到统治者的迫害，移居巴黎。恩格斯出生于德意志巴门市，中学没毕业就按父亲的要求辍学经商。他坚持学习知识，不断提高理论水平。1844年，他与马克思相遇，成为终身的亲密战友。他们都非常关心社会现实，积极参与工人运动，在革命实践与理论探索的结合中完成了从唯心主义向唯物主义、从革命民主主义到共产主义的转变。1848年，二人合作撰写了《共产党宣言》。1849年，马克思流亡伦敦。此后，他完成了《资本论》等重要著作。1883年，马克思去世，葬于伦敦海格特公墓。恩格斯继承马克思的遗志，整理出版了《资本论》第二、三卷，继续推动国际工人运动的发展。1895年，恩格斯在英国病逝，骨灰撒入大海。

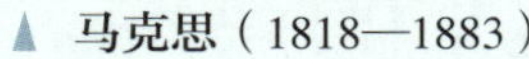

▲ 马克思（1818—1883）　▲ 恩格斯（1820—1895）

1848年2月，受共产主义者同盟第二次代表大会的委托，马克思和恩格斯发表了同盟纲领，即《共产党宣言》。

《共产党宣言》论证了资本主义灭亡和社会主义胜利的历史必然性。马克思、恩格斯指出，资产阶级在历史上起过非常革命的作用，它反对封建主义，创造了惊人的生产力，但资本主义生产力和生产关系的矛盾始终存在并不断激化，资本主义生产关系逐渐成为生产力发展的桎梏，这不仅表现为频繁爆发的经济危机，而且表现为无产阶级和资产阶级日益激烈的斗争。

宣言指出要用暴力推翻资产阶级的统治，阐述了无产阶级夺取政权并利用政权改造社会的思想。同时，它也介绍了未来共产主义社会的根本特征，提出了建设未来新社会的基本观点和基本措施。

宣言还阐明了无产阶级政党的性质、宗旨和主张。无产阶级要完成自己的历史使命，必须组建自己的政党。共产党始终代表整个无产阶级的利益，同时代表全社会绝大多数人民群众的利益，而没有自己特殊的利益。

《共产党宣言》第一次较为完整系统地阐述了科学社会主义的基本原理，阐明了社会发展的客观规律。马克思、恩格斯还创立了马克思主义哲学、马克思主义政治经济学，它们和科学社会主义共同构成马克思主义的理论体系。

马克思主义是科学的、人民的、实践的和不断发展的开放的理论。它创造性地揭示了人类社会发展规律，第一次创立了人民实现自身解放的思想体系，指引着人民改造世界的行动，在实践中不断得到丰富和发展，指导无产阶级的革命斗争不断取得胜利。在人类思想史上，没有一种思想理论像马克思主义那样对人类产生了如此广泛而深刻的影响。

▲ 参加第一国际第一次代表大会的代表们

国际工人运动的发展

随着工业革命的展开，欧洲工人阶级不断壮大。马克思、恩格斯旗帜鲜明地号召工人阶级通过暴力革命推翻资产阶级的统治，号召“全世界无产者，联合起来”，促进了工人阶级的国际联合。1864年9月，英国、法国、意大利和德意志等国家和地区的工人代表在伦敦召开会议，决定加强国际合作，成立国际性的工人组织——“国际工人协会”，后来被称为“第一国际”。第一国际成立后不久，马克思接受委托起草了《国际工人协会成立宣言》和《国际工人协会临时章程》。第一国际的成立推动了马克思主义的传播和国际工人运动的新发展。

思考点

巴黎公社采取了哪些革命措施?

1870年，法国在普法战争中失败，社会矛盾激化。次年3月，巴黎工人发动武装起义，建立了工人自己的政权——巴黎公社。巴黎公社采取一系列革命措施：打碎旧的国家机器，由公社委员会行使行政权和立法权；废除旧军队和旧警察，代之以人民的武装国民自卫军和治安委员会；所有公职人员由人民选举产生，接受人民监督，他们的工资不得超过熟练工人的工资。公社还规定，由工人合作社管理工厂，实行8小时工作制等。

5月28日，巴黎公社被法国资产阶级和普鲁士军队联合绞杀。巴黎公社作为无产阶级建立政权的第一次伟大尝试被载入史册，实践并丰富了马克思主义学说，为国际工人运动的发展提供了宝贵的经验和教训。

马克思主义不仅指导了欧洲和北美洲的工人运动，在亚洲、拉丁美洲等殖民地半殖民地国家和地区，也成为工人运动和民族民主运动的重要思想武器。

▲ **巴黎公社社员墙**

1871年5月28日，最后一批公社社员牺牲在巴黎的拉雪兹神父公墓的一堵墙边。

历史纵横

欧美各国工人阶级政党的建立

随着马克思主义影响的扩大，欧美国家工人纷纷建立独立的政党或组织。在马克思和恩格斯的指导和帮助下，倍倍尔和李卜克内西等德意志工人运动的领袖积极响应，于1869年在爱森纳赫城成立德国社会民主工党。德国社会民主工党的纲领由倍倍尔起草，参照了第一国际的成立宣言和章程的主要原则，基本上是一个马克思主义的纲领。1875 年，德国社会民主工党和另一个工人党合并，成立德国社会主义工人党。美国、法国、西班牙、意大利、俄国和英国等国也先后建立社会主义政党或组织。

学习探究

恩格斯称《共产党宣言》是“全部社会主义文献中传播最广和最具有国际性的著作”。《共产党宣言》的主要内容是什么？它的发表有什么重要意义？

拓展阅读

马克思与《资本论》

1849年，马克思定居伦敦后，集中力量研究政治经济学。为收集资料，他数年如一日，每天在大英图书馆的阅览室刻苦研读和思考，最终完成了《资本论》手稿。1867年，《资本论》第一卷正式出版。马克思逝世后，恩格斯对他的手稿继续进行整理，分别于1885年和1894年出版了《资本论》第二卷和第三卷。在《资本论》中，马克思分析了资本家剥削工人的秘密，指出工人的工资所得在他创造的整个价值中所占的比重很小，他的大部分时间实际上在无偿为资本家劳动。工人在工作期间创造的自己工资以外的价值被称为“剩余价值”。“剩余价值论”是马克思主义理论的重要组成部分。

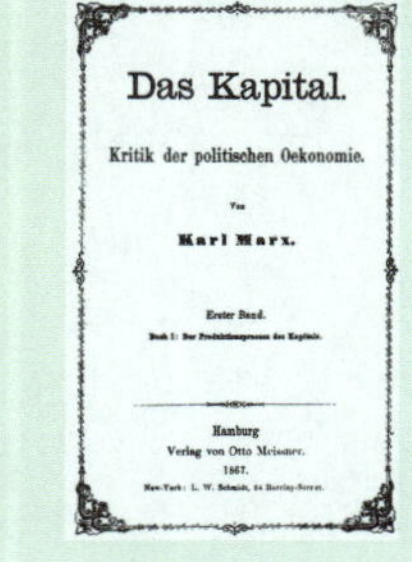

Das Kapital.

Kritik der politischen Oekonomie.

Karl Marx.

Erster Band.

Hamburg

Verlag von Otto Meissner.

1867.

► 1867年《资本论》德文第一版封面

第11课 近代职业教育的兴起和发展

传统职业教育的形态是学徒制。它是在家庭式的手工作坊中，由父亲向儿子、师傅向学徒传授技艺的人才培养方式。右图是铁匠师傅和学徒一起打铁。

▲ 中古时期欧洲的铁匠（绘画）

传统职业教育

1451年伦敦的一份裁缝学徒契约，生动地体现了学徒制的特点。契约规定：学徒期为7年；师傅罗伯特为学徒约翰提供食宿、衣服等生活所需，并倾其所能传授裁缝技艺，且以自己的财产等为担保，承担相应责任；学徒约翰要认真学习裁缝工艺，并承担其他工作，保守手艺绝活秘密，做一名庄重、正直、尽责、优秀、诚实的仆从；约翰不得浪费或损坏货物，不得出入酒馆，不得参与掷骰子、玩牌、下棋及其他非法游戏。契约经双方签字后交行会保存。

思考点

传统学徒制的主要特点是什么？

在世界各地，传统职业教育的形态一般是学徒制，学徒制适应了手工作坊小生产的需要。师傅通常只招收一名或数名学徒，学徒学艺时间较长。师傅直接面对学徒，悉心传授技艺；学徒在师傅身边耳濡目染，既学习技艺，也学做人的道理。在正规职业学校出现以前的很长时间里，学徒制构成了稳定的职业培训体系，保障了行业传统延续、技艺传承和培训质量。

但这种传统的言传身教方式存在不足。师傅能够招收的学徒数量有限，很难扩大培养规模。有些师傅为垄断独门技艺，对招收学徒授

▲ 对帮工的考核（绘画）

在中古西欧，行会对师傅资格的获得有明确规定。学徒出师后，先晋升为帮工。帮工在积累一定的资金并完成一件代表作后，经行会考核合格，方可晋升为师傅。图为两位帮工在师傅监督下制作自己的代表作。

艺规定了非常苛刻的条件，或者只把手艺传给自己的直系亲属。师徒关系也不平等，师傅有权惩罚学徒，甚至可以取消其学艺资格，学徒却很难离开师傅。这些都不利于技术的革新和传播，制约了社会分工的进一步发展，也导致人才培养效率低下，不能满足生产规模扩大的需要。

近代职业教育的兴起

大机器生产代替手工制作后，工厂规模急剧扩大，生产过程被分解为一系列固定的工作岗位，分工与协作变得更加重要。这就需要大量的高素质劳动者。他们不仅要有直接的生产经验和劳动技艺，还要具备一定的科技知识。传统学徒制已不能适应工业生产的需要，于是近代职业教育应运而生。

18世纪后期，德意志地区出现了半工半读的工业学校，教授学生纺织、木工和皮革加工等技艺。这种学校在19世纪逐渐被全日制的地方工业学校取代。地方工业学校学制2年，招收12～16岁、受过初等教育的学生。学校开设数学、物理、化学、德语等基础课程和机械学、建筑学、力学、化学实验等专业课程，优秀毕业生可获得继续深造的机会。

1821年创办的爱丁堡工艺学校是英国早期的正规职业教育机构，它主要招收当地青年，开展技能培训。后来，伦敦等地陆续创办了类似的学校，教授机械制图、建筑等课程，上课时间以晚上为主，深受在职青年的欢迎。

工业革命中，法国出现了一批培养各类专业技术人才的高等专科学校，1829年成立的巴黎中央工艺制造学校是其中的代表。该校

看图学史

写一段关于埃菲尔铁塔的解说词。

埃菲尔（1832—1923）

修建中的埃菲尔铁塔

招收受过良好中学教育、具备接受高级技术教育能力的青年，学制3年，开设工业机械、化学、采矿、建筑技术、产业经济、制图等课程。该校培养的大批专业人才中，就包括1855年毕业的埃菲尔。他不仅设计建造了众多桥梁，还是巴黎埃菲尔铁塔的设计师和工程负责人。

历史纵横

莫斯科皇家技术学校

莫斯科皇家技术学校创办于1830年，是俄国近代职业学校的代表。学校学制6年，主要培养土木工程师等高级技术人员。学校重视理论学习与实践技能的有机结合，建有各种生产车间，把生产过程按顺序划分为若干部分，由易到难排成一定的教学序列，在一段连续的时间内教授给学生，学习过程与生产过程一致。由此形成的“俄国体系”在世界职业教育史上占有重要地位。

近代职业教育的发展

第二次工业革命期间，科学技术与生产结合得更加紧密，要求劳动者具有更加系统的科学知识和生产技术。工业化国家纷纷对职业教育进行调整和改革，逐步形成了较为成熟的职业教育体系。

思考点

德国“双元制”职业教育体系的特点是什么？

1878年，普鲁士在铁路维修工场开始实施系统化的职业培训，学员培训期为4年，前2年集中培训，后2年在企业参加不同部门的生产见习。培训期间，学员享受生活补贴，每周有1～2天到公立职业学校学习专业理论和普通的文化知识。以此为基础，后来形成德国“双元制”职业教育体系。在这种体系下，企业与学校密切合作，培养的学员既有理论知识，也有实践技能。

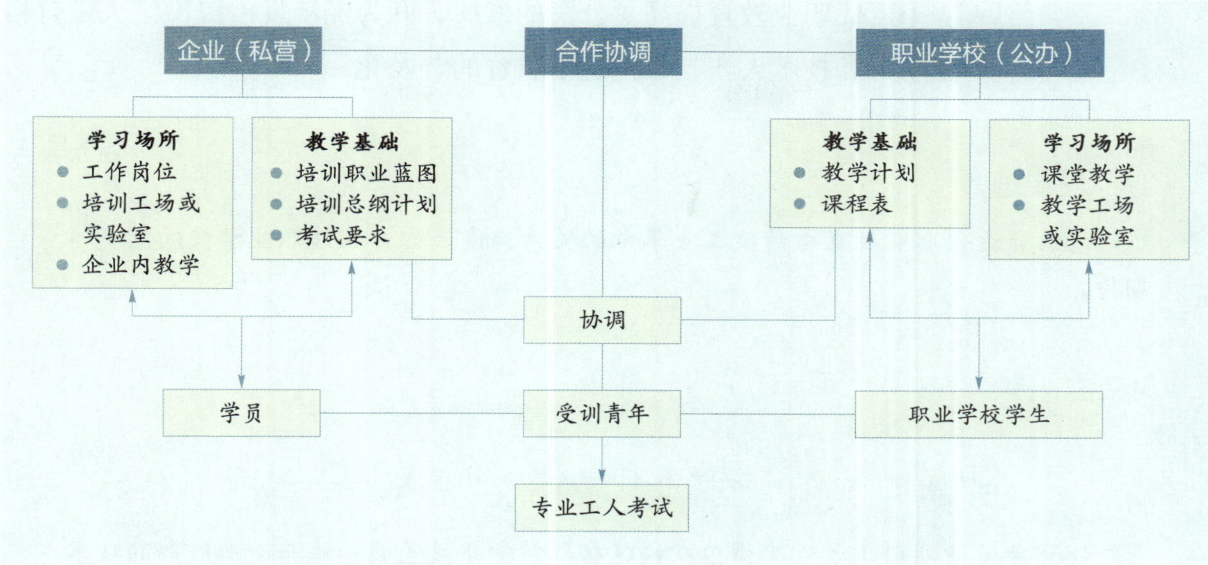

▲ 德国"双元制"职业教育培训结构图

人物扫描

凯兴斯泰纳，德国著名教育理论家和改革家，被誉为德国"职业学校之父"。他出生于慕尼黑一个普通市民家庭，曾任慕尼黑市教育局局长和政府高级顾问。他领导制定了慕尼黑职业教育制度，认为培养合格公民的首要方法是加强职业教育，提倡在基础教育阶段将文化学习与手工劳动相结合，支持"双元制"职业教育体系。他提出的劳作学校理论，为德国的职业教育奠定了基础。

► 凯兴斯泰纳（1854—1932）

19世纪末20世纪初，美国的职业教育迅速发展。大约一半以上的州通过了资助职业教育的相关法律文件，建立了多种类型的职业学校。国家还推动普通中学改制为兼具升学和就业双重功能的综合中学，将部分初等学院转型为提供培训的社区学院。

▲ 20世纪初美国高中开设的打字课

日本明治维新之后，在官办企业内部设立技术传习所，培养企业需要的技术人才，办学形式比较灵活。1872年富冈缫丝厂创办的职工学校，因培训成绩卓著，吸引了大批同业人员前来参观、学习。

近代职业教育提高了公民的素质，既为经济发展提供了大量合格劳动力和技术人才，也推进了教育的普及化。

学习探究

请结合近代职业教育与两次工业革命的关系，谈谈你对入读职业学校的感受与期待。

拓展阅读

中国近代第一所培养技术工人的学校——艺圃

1868年，清朝船政大臣沈葆桢在福建船政学堂开设艺圃，培养造船修船的技术工人。这是中国近代历史上第一所培养技术工人的学校。艺圃学制五年，开设木匠、铁匠、船身、船机四个专业，采取半工半读的方式。1897年，艺圃分为艺徒学堂和匠首学堂，学制均为三年。艺徒学堂培养中级技工，其优秀毕业生升入匠首学堂，匠首学堂主要培养高级技工或技师。

艺圃的教学方案

课程	法文、算术、平面几何、图形几何、代数、制图学、机械图说
学习模式	半工半读、工多于读。第一学年，每天下厂跟班劳作（实习），晚上7—9时上课；第二学年起，每天上午上两节课，其余时间下厂实习，晚上再上一个半小时课
教学要求	教会艺徒看图纸，按图加工，能计算机器、船体各部分体积和重量，以及掌握工作所需要的操作技能

第五单元

资本主义的扩展与亚非拉民族独立运动

19世纪，资本主义进一步扩展。意大利和德意志实现统一。美国通过南北战争，废除奴隶制，维护了国家统一。日本借助明治维新，迅速跻身资本主义强国之列。随着资本主义进入帝国主义阶段，列强掀起了瓜分世界的狂潮，世界殖民体系最终形成。包括中国在内的亚非拉地区沦为殖民地和半殖民地后，当地人民进行了各种形式的抗争。拉美爆发独立战争，印度出现民族大起义，埃塞俄比亚挫败了意大利的入侵。中国社会各阶级也开始了救亡图存的各种探索。

通过本单元的学习，了解19世纪下半期主要国家资产阶级改革的原因、过程和意义，了解西方列强的殖民扩张和世界殖民体系的建立；知道亚非拉人民反对殖民主义的斗争及其对世界历史发展的意义。

第12课
19世纪下半期资本主义的扩展

19世纪，资本主义工业经济发展迅猛，与之相应的社会构想与统治方案也受到越来越多人的关注。1848年，一群德意志人聚集在法兰克福，召开全德国民议会。次年他们制定出一部适用于全德意志的资产阶级宪法。尽管这部宪法未能实施，但其建立资本主义制度与实现民族统一的信念传承下来，并最终得以实现。

▲ 1848年法兰克福国民议会召开（绘画）

意大利、德意志统一国家的形成

▲ 加里波第（1807—1882）

1860年6月，一支身着红色制服的军队进入西西里首府巴勒莫，走在最前面的是意大利人的民族英雄加里波第。他积极投身于意大利的统一事业，组建“红衫军”，四处征战，所向披靡。在巴勒莫街头，他受到当地居民的热烈欢迎。民众尽力向他靠拢，希望亲吻偶像的双手，或触摸他的披肩。一些母亲还向他下跪，希望他给孩子们带来祝福。这激动人心的场景，反映了人们支持意大利统一运动的坚定立场。

在5世纪西罗马帝国灭亡之后的1 000多年里，意大利只是一个“地理名词”，政治上四分五裂，部分地区被外国家族统治。1859年，意大利经济、军事实力最强的邦国撒丁王国的首相加富尔发起统一运动。他鼓动几个公国通过公民投票并入撒丁王国，并倚仗加里波第的“红衫军”，以武力收复西西里岛和那不勒斯。1861年，意大利王国宣布成立，撒丁国王被尊为意大利国王，实行君主立宪制。此后，意大利收复威尼斯，又进军罗马，将教皇管辖区域限制于梵蒂冈。1870年，意大利完成统一。新政府统一货币，成立国民银行，降低关税，修筑铁路，推动工业革命的发展。到19世纪末，意大利已跻身欧洲强国之列。

意大利的统一示意图（1859—1870年）

看图学史

结合地图和所学知识，说一说意大利统一前政治分裂的状况。

进入19世纪，德意志地区仍处于邦国林立状态。两大强邦奥地利和普鲁士各立阵营，数十个邦君握有主权，关税边界长达数千千米，外国势力经常渗入干涉。这些都严重阻碍了德意志地区社会经济的发展。19世纪60年代起，普鲁士首相俾斯麦通过三次王朝战争，先后打败了丹麦、奥地利和法国，完成了德意志的统一。1871年，普鲁士国王在法国凡尔赛宫加冕为德意志帝国皇帝。新兴的德国统一刑法，颁布民法，推行共同货币和邮政制度，形成了统一的国内市场，实行社会保险。德国的统一促进了资本主义的发展。到20世纪初，德国已成为欧洲头号、世界第二的工业强国。

思考点

19世纪下半期德意志崛起为欧洲强国的原因有哪些？

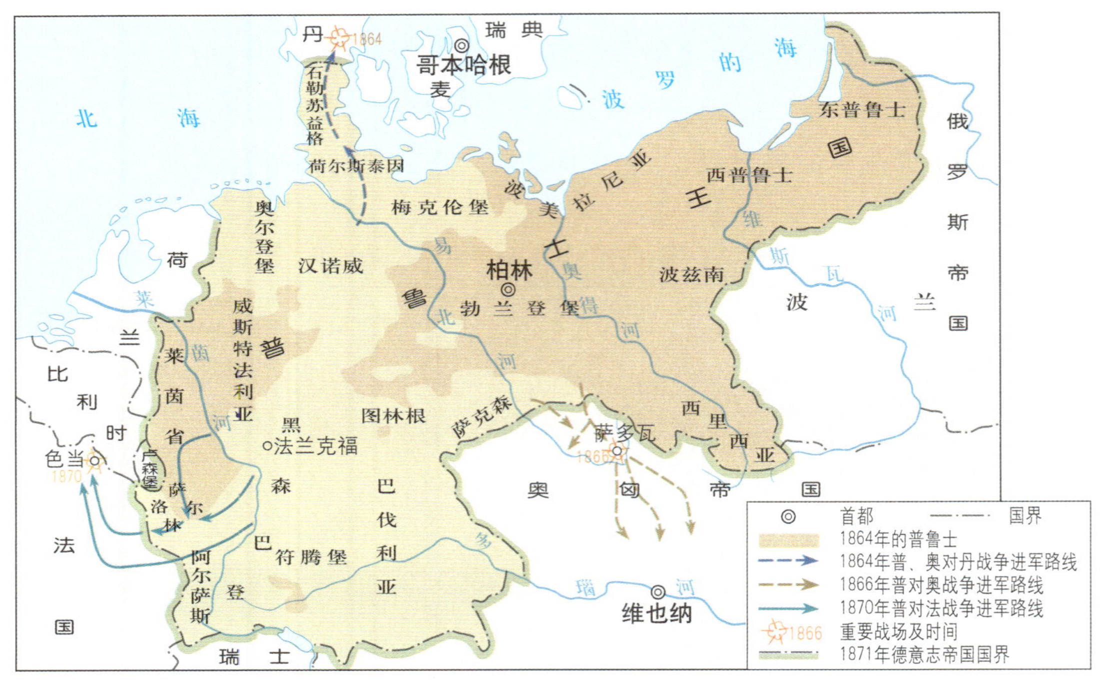

德意志的统一示意图（1864—1871年）

人物扫描

俾斯麦，德国政治家。他先后担任普鲁士驻俄国和法国大使。1862年，普鲁士议会围绕军事改革的拨款权问题爆发“宪法冲突”。俾斯麦临危受命，由普鲁士国王直接任命为宰相。他在议会中坚持政府的军事拨款权，强调“当前的种种重大问题不是演说词与多数决议所能解决的……要解决它只有用铁与血”。所谓“铁与血”就是战争的代名词。他因这次演讲获得“铁血宰相”的称号。德国统一后，他被任命为德意志帝国第一任宰相。在此后20年里，他对德国乃至欧洲的政治发展都产生了重要影响。

统一德意志的“铁匠”（绘画）

日耳曼尼亚女神把剑授予“铁匠”俾斯麦（1815—1898）。

美国南北战争

1859年冬，白人农民约翰·布朗在美国弗吉尼亚州的一个法庭受审。他从小深受废奴主义思想熏陶，多次协助南方黑人奴隶通过

"地下铁路"逃离种植园，前往自由州或其他国家。受审前数周，他率领16名白人和5名黑人占领当地的军火库，解放了附近的奴隶。但这场起义只持续了两天就被镇压。在审判席上，布朗慷慨陈词："现在在这个奴隶制的国度里，千百万人的权利全被邪恶、凶残和不义的立法所摈弃，如果认为必要，我应当为了贯彻正义的目的，付出我的生命，把我的鲜血、我子女的鲜血和千百万人的鲜血混合在一起。"一个月后，他被处以绞刑。布朗起义和"地下铁路"表明奴隶制遭到了越来越激烈的反对。布朗死后不久，美国南北战争爆发。

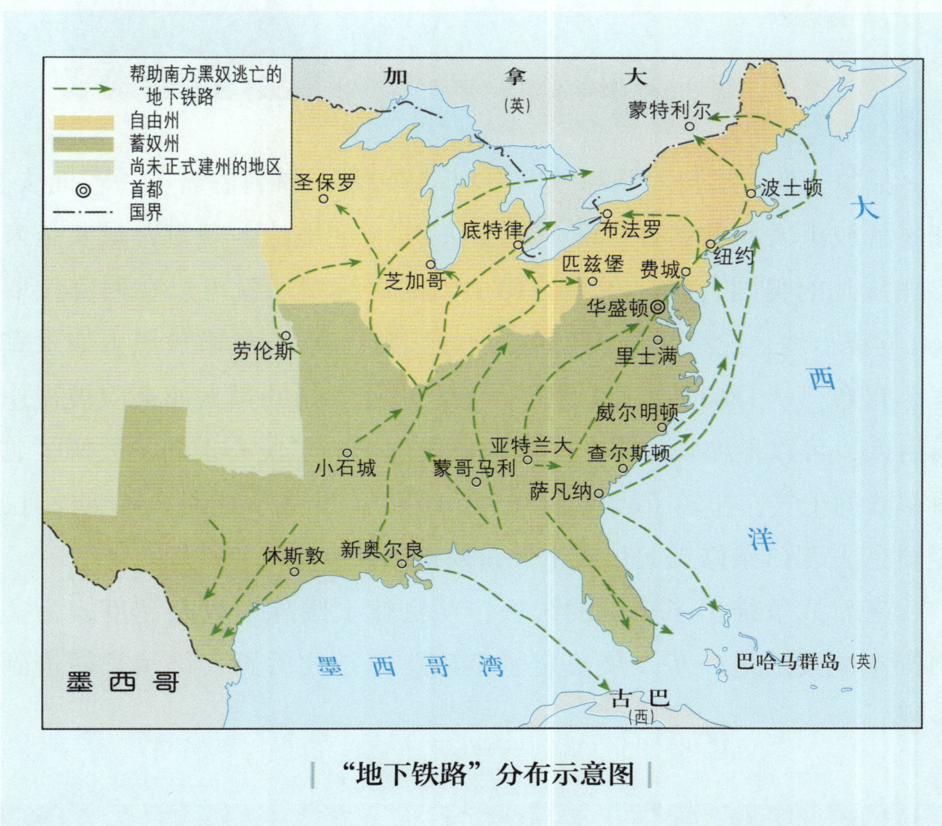

"地下铁路"分布示意图

◄"地下铁路"并不是真正的铁路，而是由若干"站"（废奴主义者的家）构成的逃亡路线，"乘务员"（废奴主义者）带着"乘客"（黑人奴隶）逐"站"转送。据统计，1810—1850年，有约10万南方黑人奴隶依靠"地下铁路"的帮助逃到了美国北部或其他国家。

这场战争爆发的根本原因是美国南方奴隶制的存废问题。美国独立后，南北方的发展道路出现巨大差异。南方抓住棉纺织业迅速发展的契机，不断扩大奴隶制种植园规模，增加棉花等原料出口，并从英国输入大量工业品。北方着力推动本土工业发展，急需更多的自由劳动力与统一的国内市场，迫切要求取消奴隶制种植园。此外，新扩张的西部领土究竟属于自由州还是蓄奴州的分歧，进一步激化了南北矛盾。

1860年，反对奴隶制的林肯当选为美国总统，这成为南北战争的直接导火索。次年初，南方有7个蓄奴州宣布脱离联邦。4月，南方军队炮击并占领联邦军队的要塞，挑起了内战。

人物扫描

林肯，美国政治家，出生于美国中东部的一个农民家庭，当过店员、船工、律师等。他到过南方，目睹了黑人奴隶的悲惨境遇，因而主张逐步废除奴隶制。在南北战争中，他坚定维护国家统一。1864年，他成功连任美国总统。次年4月，林肯被刺杀。

林肯（1809—1865）

战争初期，形势对联邦政府不利。1862年，林肯签署了《宅地法》和《解放黑人奴隶宣言》两个重要法令。《宅地法》规定，只要是未参加叛乱的美国公民，在缴纳10美元的手续费后就可以在西部领取160英亩土地，连续耕种5年后土地便归自己所有。《解放黑人奴隶宣言》宣布，从1863年1月1日起，南方叛乱各州的黑人奴隶应被视作自由人，可以参加联邦军队。这两项措施影响了民心走向，鼓舞了北方军队的士气，扭转了战局。1865年4月，南北战争结束。当年12月，美国宪法第13条修正案正式生效，奴隶制被废除。

南北战争维护了美国的统一，从法律上废除了奴隶制度，为美国资本主义的进一步发展奠定了基础。但是此后黑人仍然长期遭到歧视。

历史纵横

俄国农奴制改革

农奴制在俄国长期存在，农奴过着悲惨的生活。为改变命运，他们不断抗争，发动数百次起义。农奴制使工厂难以获得廉价的自由劳动力，严重影响俄国资本主义的发展。1856年，俄国在克里米亚战争中败北，进一步暴露了农奴制的弊端，农奴制改革成为当务之急。1861年，沙皇亚历山大二世颁布了废除农奴制的法令，赋予农民自由迁徙、买卖土地等权利，为促进俄国资本主义发展创造了条件，但它仍保留了大量的封建残余。

日本明治维新

▲ 黑船来航（绘画）

1853年7月，美国海军准将佩里率领四艘全身漆黑的军舰突然出现于日本江户湾浦贺海面。面对美国军舰，德川幕府手足无措。在美军的威胁下，幕府被迫接受国书，并于次年与美国、英国、俄国等签订通商条约。

日本国门被打开后，本土手工业制品因外来商品倾销受到严重冲击，黄金大量外流，平民和下级武士生活困难。部分日本人打出“尊王攘夷”的口号，发动倒幕运动。1867年，“倒幕派”发动政变，结束了幕府的统治。1868年，恢复权威的天皇定年号为“明治”，改江户为东京，并于次年迁都东京。

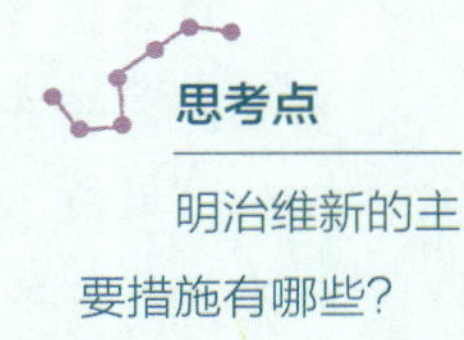
思考点

明治维新的主要措施有哪些？

明治政府积极推行有利于资本主义发展的改革措施，史称“明治维新”。主要内容包括：取消封建等级制度，消灭割据势力，加强中央集权；实行征兵制，建立新式军队；推行地税改革，承认土地私有权，允许土地自由买卖；废除各种关卡，鼓励工商业发展，倡导士农工商四民平等；以国家力量开办各类企业；推行教育改革，引进欧美科技；移风易俗，促进现代文明发展。

▲ 日本最早的铁路（绘画）

明治维新使日本摆脱了沦为西方殖民地的厄运。日本成为亚洲第一个走上资本主义发展道路的国家，国力迅速增强。但明治维新保留了大量封建残余，为日本走上军国主义道路埋下了祸根。不久，日本便迫使朝鲜签订不平等条约，吞并琉球群岛，挑起了中日甲午战争，侵占中国台湾和澎湖列岛，并勒索了巨额赔款。

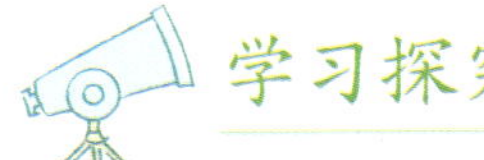

学习探究

19世纪下半期，资本主义在欧、美、亚三洲的扩展，显示了一些共性。请根据课文内容加以总结。

拓展阅读

明治时代的日本军国主义道路

在明治维新的第二个十年，日本政府越来越把发展重点从殖产兴业转向强兵扩张。1878年，日本成立参谋本部。它独立于政府之外，部长直接隶属天皇，用兵作战之事可不经过政府直接上奏天皇。它的第一项重要工作，就是调查中国的地志兵备，为日后的军事扩张做准备。首任参谋本部部长山县有朋不断鼓吹“强兵”的重要性。他说：“方今欧洲议论兵之多寡，较议论国之贫富为急。”随后，日本的军费支出连年上涨，1873—1893年，日本政府财政收入增长8.3%，军费增长113.1%。在1893年，日本军费占财政总支出27%。对外侵略战争也为日本的资本主义发展带来了巨额资金。以甲午中日战争为例，日本实际军费开支为2亿日元，而从中国获得赔款（不包括“赎辽费”）达3.58亿日元，中间差额有1.58亿日元。赔款额相当于甲午战争前日本4个多年度的财政收入。这笔巨款后来直接用于军事扩张的比例达到84.7%。在1904—1905年的日俄战争中，日本获胜，自此成为帝国主义列强之一。

第13课
资本主义世界殖民体系的建立与亚非拉民族独立运动

19世纪，英国成为世界上最大的殖民帝国，影响遍及全球。英国殖民者在各地侵占土地，用欺骗、胁迫、暴力等多种方式，打造了一个“日不落帝国”。罗得斯是英国殖民非洲的急先锋，企图建立一个“从开普敦到开罗”的英国统治区。他曾说：“这个世界留给我们的空间是有限的。因此，我们的目标是尽力获取。”殖民者的狂妄贪婪和对世界的瓜分掠夺，激起了亚非拉争取民族独立的滚滚浪潮。

▲ 英国殖民者塞西尔·罗得斯横跨在非洲大陆上（绘画）

▲ 化身为“橡胶蛇”的利奥波德二世（绘画）

资本主义世界殖民体系的建立

19世纪80年代，比利时国王利奥波德二世在刚果河流域建立了殖民帝国。他将殖民扩张美化为“开辟文明的新边疆，刺破蒙昧无知的黑暗世界”，但其真正的目的是获取那里的天然橡胶资源。他强征当地劳工，逼迫他们在恶劣的环境下劳动，迅速积累了巨额财富，却造成数百万人死亡。

比利时在刚果等殖民地的所作所为正是典型的帝国主义行径。19世纪末20世纪初，主要资本主义国家进入帝国主义阶段。帝国主义即“垄断资本主义”，是资本主义由自由竞争阶段发展到了垄断阶段。在该阶段，西方列强为获得更多资源与产品倾销市场，不仅继续殖民扩张，而且加大资本输出，加快瓜分世界的步伐，确立垄断资本对世界的统治。

19世纪最后30年，非洲成为西方列强瓜分的主要对象。英国在南非、东非和西非占有大量殖民地，并逐步控制埃及和苏丹。法国先吞并了阿尔及利亚，后在西北非和西非占有大片土地。德、意、法、比、葡等国则在非洲中部与东部抢夺。1884年，列强在柏林举行专门会议，以协调彼此间的矛盾，极大加速了非洲殖民化的进程。至1914年，3 000多万平方千米的非洲大陆，除埃塞俄比亚和利比里亚外，已被西方列强瓜分完毕。

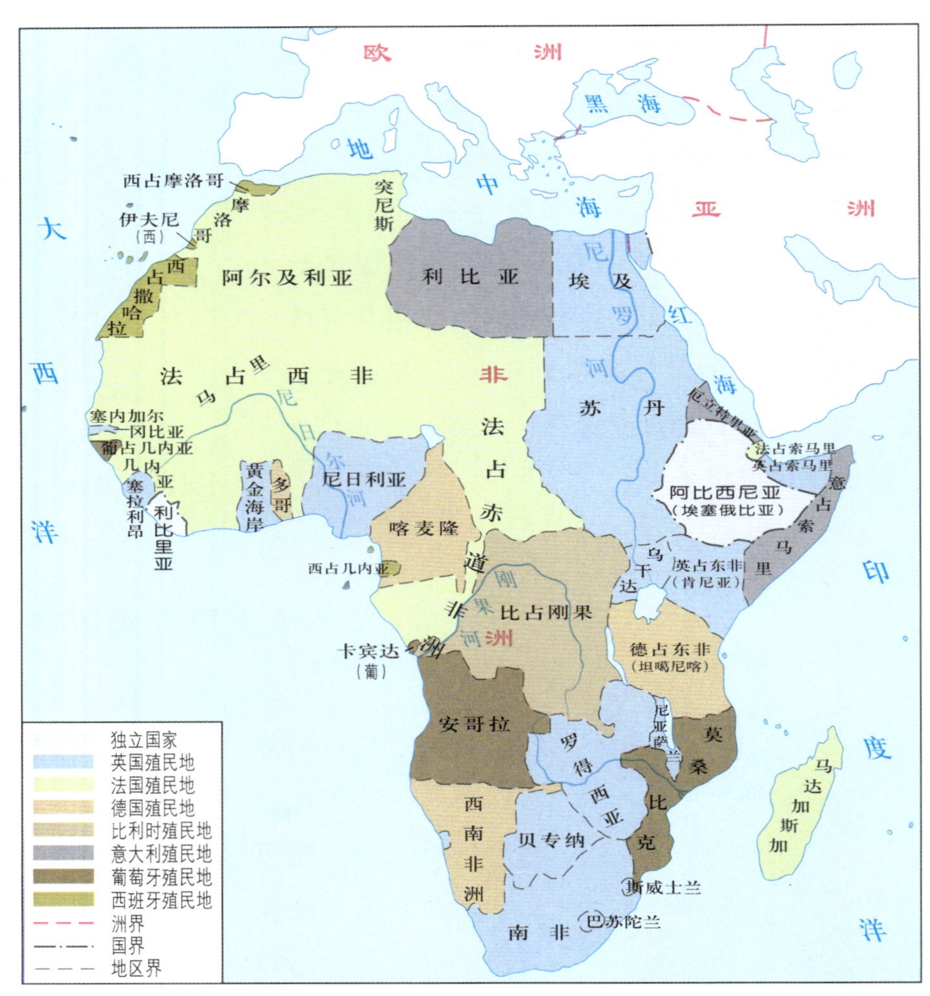

帝国主义国家对非洲的瓜分形势图（1914年）

在其他地区，帝国主义国家的侵略步伐也从未停息。英国完全占领了印度；俄国吞并了中亚，并侵占了中国大片领土；美国从西班牙手中抢到了菲律宾。1900年前后，东南亚绝大部分国家和地区沦为西方列强的殖民地，连大洋洲的一些小岛也被英、法、德等国瓜分。朝鲜半岛被日本吞并。

至20世纪初，亚洲和非洲绝大部分国家和地区沦为殖民地和半殖民地，独立的拉美国家实际在经济上也依附于欧美，资本主义世界殖民体系最终形成。

1914年世界主要帝国主义国家拥有的殖民地土地和人口

	殖民地		宗主国	
	面积（百万平方千米）	人口（百万）	面积（百万平方千米）	人口（百万）
英国	33.5	393.5	0.3	46.5
俄国	17.4	33.2	5.4	136.2
法国	10.6	55.5	0.5	39.6
德国	2.9	12.3	0.5	64.9
美国	0.3	9.7	9.4	97.0
日本	0.3	19.2	0.4	53.0
总计	65	523.4	16.5	437.2

看图学史

请将左侧图表绘制成条形统计图。谈谈1914年资本主义世界殖民体系的基本特点。

资本主义世界殖民体系建立后，少数资本主义国家控制和奴役了世界上绝大部分土地和人口。殖民地为宗主国提供工业原料和农副产品，宗主国则将工业制成品销往殖民地，它们之间经济上各有分工，人员相互流动，形成一个关系紧密，但利益分配极不合理的世界贸易网络。

20世纪初世界贸易网络示意图

殖民地社会的变化

印度中部的铁路建设（绘画）

修建铁路过程中，英国殖民者雇佣大量印度人制作枕木，并驱使大象拖运火车头。

1839年，在英国的主导下，印度开始建设第一条铁路。至1900年，印度铁路里程已达4万千米，是当时亚洲最为庞大的铁路系统。铁路由英国人管理，主要为英国的殖民统治服务。殖民当局压低货物运输费率，把印度原料低价出口到英国，由此获得巨额利润。与此同时，英国还推行四种不同的轨道系统，限制印度内地之间的经济交流，达到分而治之的目的，以便于控制整个印度。为了修建铁路，英国人大量砍伐林木，破坏了当地的生态环境。

思考点

在帝国主义国家的统治下，殖民地社会出现了哪些变化？

帝国主义国家常常改变殖民地原有的政治和社会制度，强行推行西方的司法和管理体制，按照宗主国的意愿划分国家疆界。它们破坏殖民地原有的经济形态，迫使殖民地经济服从资本主义世界市场的安排，形成畸形发展的单一作物或矿产制。它们还漠视当地传统文化与习俗，一些土著部族甚至惨遭灭绝。殖民统治严重破坏了殖民地社会的正常发展，造成殖民地政治混乱、经济落后、领土纠纷不断、文化冲突激烈。

帝国主义殖民统治给殖民地人民带来深重灾难，但客观上推动了殖民地社会向现代转型。铁路等现代交通设施被引入殖民地；在部分殖民地，出现了统一的文字和官方语言；当地的一些知识分子接受了民族国家的理念，他们中的一些人后来成为当地民族独立运动的领导者。

1903年德国殖民者在坦噶尼喀（今属坦桑尼亚）开办的学校

历史纵横

吉卜林的“文明论”

1899年，英国诗人吉卜林为“庆祝”美国吞并菲律宾，创作了诗歌《白人的负担》。在该诗中，这位后来诺贝尔文学奖获得者竟大言不惭地将帝国主义的侵略掠夺行径美化为“传播文明”之举。他在诗中说，白人把自己最好的子弟送到殖民地，像“骡马那样”，在“蛮荒的土地”上去“教育”那些“处于野蛮状态”的土著居民。他把这种针对亚非拉地区的侵占举动称作“白人的负担”。

这种“文明”观念视西方国家与白人为“优越文明”的代表，而其他地区则是“半文明”或“野蛮”“蒙昧”的，其实质是为殖民主义张目，掩盖殖民者侵略扩张的罪恶。

亚非拉民族的反殖民主义斗争

1810年9月，在墨西哥城北部的多洛雷斯镇，神父伊达尔戈站在台上，向上千民众慷慨发问：“孩子们，你们愿意成为自由人吗？你们愿意从西班牙人手中夺回自己的土地吗？”他得到震耳欲聋的回答：“独立万岁！美洲万岁！打倒坏政府！”这便是著名的“多洛雷斯的呼声”。它揭开了墨西哥独立运动的序幕，宣告拉丁美洲独立战争全面开始。

在此后的十多年间，拉丁美洲独立战争的主要领袖玻利瓦尔与圣马丁，联手击溃了西班牙殖民军。1826年，西班牙在拉美最后的据点被攻克，西属拉美获得独立，建立了一系列独立国家。葡属巴西也于1822年宣布独立。

19世纪初拉丁美洲独立战争形势图

人物扫描

玻利瓦尔，拉美独立战争领袖之一。他出生于西属拉美殖民地的一个西班牙贵族家庭，曾在西班牙、意大利、法国等地学习，深受欧洲启蒙思想影响。回到家乡后，他带领拉美人民解放了委内瑞拉、哥伦比亚、厄瓜多尔、巴拿马、秘鲁和玻利维亚，推翻了西班牙在南美的殖民统治。他建立大哥伦比亚共和国，并当选为总统。他主张民族平等、废除奴隶制，被誉为南美的“解放者”。

► 玻利瓦尔（1783—1830）

▲ 1857年印度民族大起义（绘画）

1857年，印度的一些土兵因不满英国的殖民统治宣布起义。他们占领德里，拥戴早已徒有虚名的莫卧儿帝国君主为印度皇帝。起义浪潮席卷印度中部和北部，英国用一年才把这场大起义镇压下去。此后，英国不得不调整殖民政策，解散东印度公司，开始直接统治印度。

1894年底，意大利以埃塞俄比亚不履行两国条约为名，悍然发动侵略战争。埃军虽然在装备上不如意军，但士气高昂，并且占据人数和地利优势，最终打败了意大利侵略军。不久，意、法、英、俄等国相继承认埃塞俄比亚独立。埃塞俄比亚抗击意大利侵略的胜利，打破了帝国主义国家不可战胜的神话。

亚非拉地区的反殖民斗争打击了帝国主义的侵略势力，推动了民族独立运动和世界历史的发展。

学习探究

马克思在《不列颠在印度的统治》中写道：“英国则破坏了印度社会的整个结构，而且至今还没有任何重新改建印度社会的意思。印度失掉了他的旧世界而没有获得一个新世界，这就使它的居民现在所遭受的灾难具有了一种特殊的悲惨的色彩，并且使不列颠统治下的印度斯坦同自己的全部古代传统，同自己的全部历史，断绝了联系。”请结合本课内容，谈谈你对这句话的理解。

拓展阅读

埃及阿拉比抗英斗争

1879年，非洲的第一个政党——祖国党在埃及成立。祖国党提出了“埃及是埃及人的埃及”的口号，反对英国等欧洲国家对埃及的干涉。1882年，祖国党的领袖阿拉比进入内阁。英国担心无法继续控制埃及，便决定进行武装入侵。阿拉比率领埃及军民进行了长达两个月的英勇无畏的抵抗。但两国实力相差悬殊，战争最终以埃及的失败而告终，阿拉比被俘，大量军民惨遭屠杀。埃及沦为英国的殖民地。

第六单元

战争与革命的年代

20世纪上半期是战争与革命的年代。帝国主义列强之间的激烈争夺导致第一次世界大战的爆发。战后形成的“凡尔赛—华盛顿体系”体现了主要战胜国的意志，并没有解决资本主义列强之间的矛盾，也没有改变殖民地人民的命运。俄国十月革命的胜利和苏联社会主义建设的实践，打破了资本主义一统天下的世界格局，实现了社会主义从理想到现实的伟大飞跃，开辟了人类探索社会主义道路的新纪元。正是在此背景下，中国共产党诞生，使中国革命面貌焕然一新。1929年开始的世界经济大危机，严重打击了资本主义国家。美国尝试发挥国家调控的作用；意、德、日三国先后建立法西斯体制，走上对内独裁、对外扩张之路。第二次世界大战中，包括中国在内的反法西斯国家携手作战，取得了胜利，构建了以“雅尔塔体系”为代表的新的国际秩序。

通过本单元的学习，了解第一次世界大战的来龙去脉，认识这场战争给人类造成的巨大灾难；知道十月革命，理解十月革命的世界历史意义；知道第一次世界大战后的民族民主运动和国际格局的新变化；知道20世纪二三十年代苏联社会主义建设的成就和问题；知道1929—1933年资本主义世界的经济危机；了解罗斯福新政及其影响；知道德、意、日法西斯政权的建立及其对外侵略的行径；了解第二次世界大战的爆发背景、基本进程和性质；理解反法西斯战争胜利的伟大意义及其对国际格局的影响。

第14课
第一次世界大战

1928年，德国老兵雷马克根据他在第一次世界大战中的经历，完成长篇小说《西线无战事》。在最后部分，雷马克这样写道："1918年10月平静的一天，他在前线倒下。部队仅用一句话概括道：西线平静无事，没有发生值得报告的事。"主人公把生命留在了战场，但军方对这种死亡已习以为常。这一残酷的事实揭示了第一次世界大战带给人们的巨大灾难和心理上的创伤。

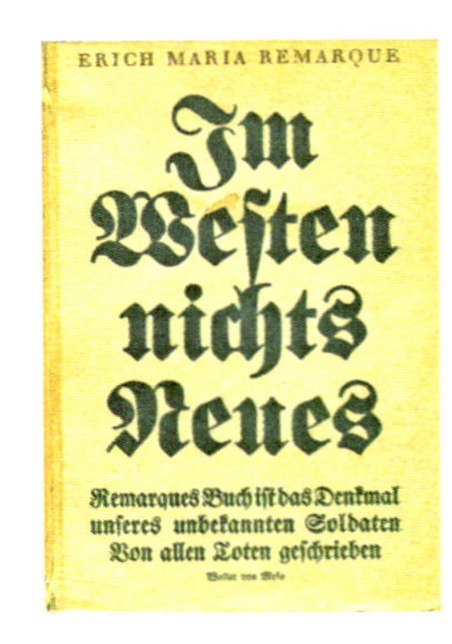

▲《西线无战事》德文第一版书影

萨拉热窝的枪声

1914年6月28日，奥匈帝国[①]皇储斐迪南大公携夫人前往波斯尼亚首府萨拉热窝检阅部队。奥匈帝国一直试图向东扩张，吞并塞尔维亚。这激怒了塞尔维亚的民族主义者。当斐迪南大公夫妇乘坐的汽车离开市政府后不久，19岁的普林西普向他们连开数枪。大公夫妇送医后不治身亡。

▲ 遇刺前的斐迪南大公夫妇

斐迪南大公和奥匈帝国的扩张野心，真实反映了列强的帝国主义思想。由于帝国主义国家之间发展不平衡，它们在对外扩张进程中出现了各种矛盾。其中，德、英对峙最激烈。随着德、意国家统

① 奥匈帝国，成立于1867年，是二元制君主国，由奥地利帝国改组而成。奥地利皇帝兼任匈牙利国王，奥、匈各设政府和议会，每年集体讨论共同事务。

一的完成和第二次工业革命的推进，欧洲原有的政治格局被打破，迅速崛起的德国对英国的全球霸权发起挑战。德皇威廉二世开始实行所谓“世界政策”，加速海军建设，抢夺殖民地。英国也相应增加军备开支，抵制德国影响力的扩展。19世纪末20世纪初，欧洲强国分别以德、英两国为核心，逐渐形成两大军事集团：德国、奥匈帝国、意大利结成三国同盟，法国、俄国、英国缔结三国协约。

▲ **威廉二世的“世界政策”（绘画）**

一战时期协约国绘制的漫画。

20世纪初，两大军事集团发生一系列局部冲突。在巴尔干半岛，帝国主义国家或直接侵入，或扶持代理人，使这里变成欧洲的“火药桶”。萨拉热窝的枪声很快让欧洲两大军事集团全面卷入了战争，拉开了第一次世界大战的序幕。

历史纵横

“火药桶”巴尔干半岛

巴尔干半岛地处东南欧，主要居民是斯拉夫人，战略地位十分重要，是列强争夺的焦点。那里小国林立、民族众多，宗教势力彼此交错，领土纠纷复杂。19世纪下半叶起，民族独立运动风起云涌，奥斯曼帝国被迫逐步退出该地区。奥匈帝国企图取而代之，1908年吞并波斯尼亚和黑塞哥维那，并将吞并塞尔维亚作为其继续东扩的首要目标，妄图建立一个横跨中东欧的帝国。俄国以扶持“斯拉夫兄弟”塞尔维亚为借口，企图在东南欧确保自己的势力范围。英、法、德、意等国也乘机插手以攫取利益，导致该地区冲突频发。

战争的进程

第一次世界大战的主战场在欧洲。英法联军与德军在西线激战，德国和奥匈联军与俄军在东线对垒，奥匈军与塞尔维亚军在南线厮杀。意大利虽是同盟国的一员，却以中立和参战为手段向双方讨价还价，最后选择加入协约国一方。1914年8月至年底，德军在西线侵占比利时，进逼巴黎。英法联军在马恩河出击，成功阻击德军，德国的速战速决战略破产。在东线，德军大败俄军。1915—1916年，在西线，英法联军与德军在凡尔登、索姆河展开激烈争夺。英、德爆发日德兰海战，德国未能突破英国的海上封锁。1917年，美国正式向德国宣战，极大增强了协约国的力量。1918年11月11日，德国被迫在停战协议上签字。第一次世界大战以同盟国的失败而结束。

第一次世界大战欧洲战场形势图（1914—1918年）

思考点

第一次世界大战有哪些特点？

第一次世界大战是一场“总体战”。战争不仅是前线将士的厮杀，而且是交战国之间总体国力的较量。新式武器轮番上场，坦克等首次被用于战争，极大增加了战争的残酷性和破坏性。战时体制强化了国家的作用，所有参战国的政治、经济和社会生活都受到极大影响。

第一次世界大战是列强重新瓜分世界、争夺世界霸权的帝国主义战争。战争历时4年多，战火遍及欧、亚、非三大洲，给人类带来了深重灾难。双方动员兵力逾7 000万，约900万士兵阵亡，2 000多万人受伤，直接军费高达1 800多亿美元，欧洲列强遭到了沉重打击。

历史纵横

一战中的飞机

一战初期，飞机并未受到军方重视，在战场上仅用于侦察。这同当时飞机的实际性能有关。飞机的两翼容易遮挡视线，以至于德国飞行员在12天内都没有发现地面上一支10万人的英国部队。飞机上虽然配备了炸弹和手榴弹，但只能依靠目测投掷。这种投掷由于风速的影响，命中率极低。英国曾用141颗炸弹轰炸德国的一个火车站，结果只有3颗命中目标。法国人把机枪安装在座舱前，但射出的子弹容易碰到螺旋桨，存在一定的危险性。后来德国人在飞机上安装了射速调节器，解决了这一问题。

▲ 一战中一架德国双翼飞机投下炸弹

战后世界的新变化

一战结束后不久，战胜国在巴黎召开和会，讨论恢复和平、安排战后国际秩序等事宜。1919年6月底，与会国在凡尔赛宫签订对德和约，即《凡尔赛条约》。1921年11月，美、英、日、法、意、比、荷、葡、中九国在华盛顿召开国际会议，商讨太平洋地区的国际秩序。会议最后通过了《四国条约》和《五国海军协定》，并围绕中国问题签订《九国公约》。这两次会议连同一系列条约确定的一战后国际秩序，被称为“凡尔赛—华盛顿体系”。

▲ 1919年巴黎和会

随着凡尔赛—华盛顿体系的形成，由主权国家组成的国际政治组织——国际联盟应运而生。欧洲大陆的政治版图发生巨大变动，德意志、奥匈、奥斯曼、沙俄帝国崩溃，中东欧和西亚北非地区诞生一系列新独立国家。美国在国际事务中开始发挥重要作用，不仅介入欧洲事务，而且在亚太地区对日本形成牵制。

凡尔赛—华盛顿体系承认了列强之间相对实力的变化，建立了国际联盟这一世界性国际组织来适应世界形势变化。但它无视殖民地半殖民地独立的要求，带有明显的强权政治特点，也激化了战胜国与战败国之间的矛盾，为新一轮国际冲突埋下祸根。

思考点

联系所学内容，说一说中国在凡尔赛—华盛顿体系中受到了哪些不公正待遇。

看图学史

观察地图，看看哪些是一战后新独立的国家。

一战后的欧洲版图变化示意图（1918—1923年）

第一次世界大战削弱了帝国主义国家的力量，客观上促进了殖民地半殖民地国家的民族觉醒。在东亚，中国爆发了五四运动，中国共产党成立；中国政府收回汉口、九江的英租界，打击了帝国主义势力。在南亚，甘地发起“非暴力不合作运动”，迫使英国在印度自治问题上做出让步。

人物扫描

甘地，印度民族解放运动的精神领袖。他曾在英国学习法律，后在南非工作。回到印度后，他于1920年发起了非暴力不合作运动，即用和平方式抵制英国的政治统治与经济控制，以争取对方的让步。为抵制洋布，他亲手摇纺车织土布；为反对英国食盐专卖权，他和民众一起自制食盐，于1930年发起“食盐进军”运动。这些做法在当时虽然未能实现民族独立的目标，但也迫使殖民者启动谈判，加速了印度独立的进程。

► 甘地（1869—1948）率领民众前往海边自制食盐

学习探究

奥地利文学家茨威格用这样一句话来描述第一次世界大战的爆发对欧洲人造成的心理冲击：“1914年6月28日在萨拉热窝的那一声枪响，刹那之间将一个太平而又充满理性的世界——我们在其中受教育、成长、栖身为家的世界——像一只土制的空罐似的击得粉碎。”请结合本课内容，谈谈你对这句话的理解。

拓展阅读

国际联盟

国际联盟，简称“国联”，是1920年成立的国际组织。总部设在瑞士日内瓦，旨在“处理国联行动范围以内或影响世界和平的任何事件”，主要机构是国联大会、行政院和秘书处。国联大会由所有参加国组成，每国一票。行政院由常任理事国与非常任理事国组成。秘书处由行政院指定的秘书长领导。国联关心和处理国际范围的卫生、经济、社会等问题。它成立了常设卫生组织，曾帮助中国训练医护人员，指导消灭天花和霍乱。但在维护国际和平、制止侵略等重大问题上，国联令人失望。美国从未加入国联，苏联长期不是会员，日本、德国和意大利相继退出，不受限制。国联形成决议的“全体一致”原则使其失去了对侵略行为采取有效行动的可能性。自1939年起，国联陷入停顿。1946年，国联宣告解散。

第15课 十月革命与苏联社会主义建设

1917年11月7日（俄历10月25日）晚，在彼得格勒涅瓦河上的“阿芙乐尔”号巡洋舰一声炮响，革命武装向俄国临时政府的所在地冬宫发动进攻。躲在宫内的部长们起初还很自信地向外发出通报，说“敌人不强”。然而，局势很快发生变化。次日凌晨，革命武装攻入冬宫，将惊魂未定的部长们全部逮捕。攻占冬宫是十月革命中的标志性事件，由此揭开了20世纪社会主义革命和建设的大幕。

▲ 十月革命中革命武装攻占冬宫（剧照）

十月革命的胜利

在攻打冬宫的同时，全俄苏维埃第二次代表大会在斯莫尔尼宫召开。一位身材不高的中年人步入会场时，全场响起了雷鸣般的掌声，他就是列宁。他手扶讲台边沿，简洁明确地宣布：“现在，我们将着手建立新的社会秩序！”随后，他向代表们介绍了《和平法令》和《土地法令》草案，决定俄国立即退出第一次世界大战；废除土地私有制，没收地主土地，把土地及生产工具分给劳动者使用。这些政策准确地抓住了当时俄国社会动荡的主要症结，得到广大人民的支持。

人物扫描

▲ 列宁（1870—1924）

列宁，伟大的马克思主义者、苏联的主要缔造者。在大学期间，他立志推翻沙皇旧制度，因参加进步学生运动，被捕并遭流放。其间，他开始系统研究马克思、恩格斯著作，成为马克思主义者。他将《共产党宣言》译成俄文，并创建布尔什维克党。他将马克思主义基本原理与俄国革命的具体实际相结合，形成列宁主义。列宁认为，社会主义革命可以在一国率先发生，俄国是“帝国主义链条中最薄弱的一环”，“变现时的帝国主义战争为国内战争是唯一正确的无产阶级口号”。二月革命后，列宁直接领导了十月革命，创建了世界上第一个社会主义国家。

思考点

十月革命为什么能够成功？

一战爆发后，不断传来的战败消息和日益严重的供应危机，令俄国人民十分渴望“和平”与“面包”。1917年3月（俄历2月），首都彼得格勒民众举行大游行。沙皇政府应对失措，士兵倒戈，统治俄国300多年的罗曼诺夫王朝被推翻。这就是“二月革命”。然而，代表资产阶级利益的临时政府未能满足人民的需求。前线继续在流血，后方依然面临饥荒。这引发了广大工人、农民和士兵的强烈不满。列宁及其领导的布尔什维克党抓住时机，进一步制定了社会主义革命的具体方针，并领导以工人为主体的革命武装取得了胜利。这次革命发生在俄历十月，史称“十月革命”。

十月革命的胜利是俄国与世界历史进程中的划时代事件。它建立了人类历史上第一个无产阶级政党领导的国家，打破了资本主义一统天下的局面，实现了社会主义从理想到现实的伟大飞跃，开辟了人类探索社会主义道路的新纪元。十月革命沉重打击了帝国主义对世界的统治，极大地鼓舞了殖民地半殖民地人民的解放斗争，推动了马克思主义的传播和一大批无产阶级政党的建立，改变了20世纪的世界格局。从此，资本主义和社会主义两种社会制度的并存与竞争，成为世界历史的重要内容。

苏联的建立

1919年4月的一个星期六，在莫斯科至喀山的铁路线上，15名工人在下班后，主动要求义务加班，抢修了3台损坏的机车。他们的事迹很快影响了更多工人。5月，200多名共产党[①]员和工人发起“共产主义星期六义务劳动”，修好了4台机车和16节车厢。列宁得知这一举动后，称它为“伟大的创举”，是“共产主义的实际开端”。事实上，当时的义务劳动更是工人们保卫新生政权的主动奉献。

▲ 列宁参加星期六义务劳动

十月革命胜利后不久，国内出现武装叛乱。与此同时，协约国以苏俄擅自退出战争为由，派遣军队进行武装干涉。新生的苏俄陷入战

① 共产党：1918年，布尔什维克党改称“俄国共产党（布尔什维克）”，简称“俄共（布）”；1925年改为“全联盟共产党（布尔什维克）”，简称“联共（布）”；1952年改为“苏联共产党”，简称“苏共”。

火之中。面对严峻的战争形势，苏维埃政权一方面建立红军，同敌人战斗；另一方面调整国民经济，实行“战时共产主义政策”。

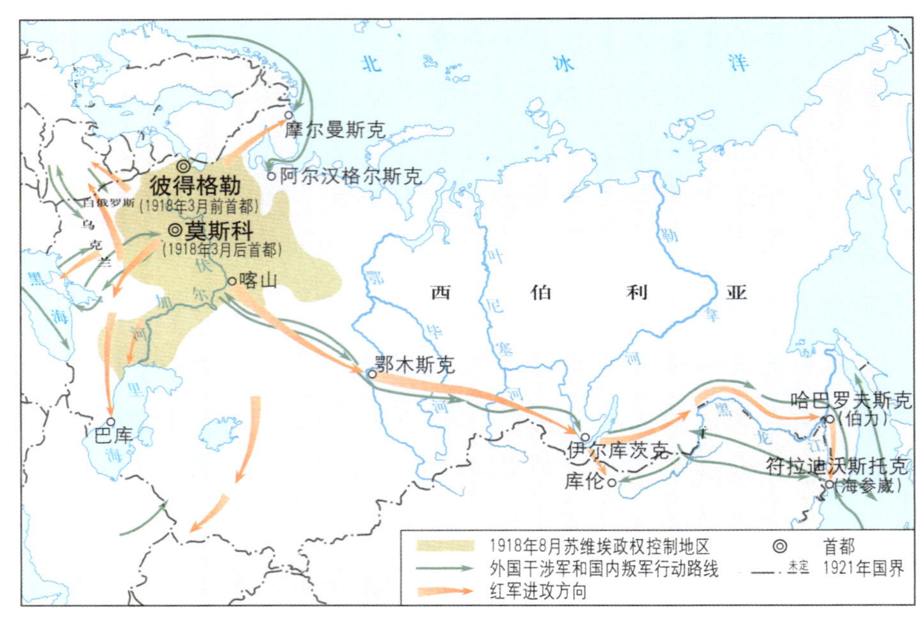

帝国主义武装干涉和苏俄内战形势图（1918—1922年）

1921年初，国内战争结束，年轻的苏维埃政权取得了胜利。为了尽快恢复生产，列宁推动战时共产主义政策向新经济政策转变，推行粮食税，允许自由贸易，将外国资本与私人资本重新引入国内市场。苏俄的国民经济获得恢复，政治形势逐渐稳定。1922年12月底，俄罗斯联邦、外高加索[①]联邦、乌克兰和白俄罗斯四个加盟共和国组成“苏维埃社会主义共和国联盟”，简称“苏联”。

历史纵横

共产国际的创立

1919年3月，30个国家的共产党或共产主义组织代表在莫斯科集会，通过了《共产国际宣言》等文件，宣告共产国际成立。列宁当选为共产国际执行局主席。共产国际推动了包括中国共产党在内的各国共产党的建立，促进了国际共产主义运动的发展。

① 外高加索联邦，成立于1922年，由格鲁吉亚、亚美尼亚和阿塞拜疆组成，是苏联的一个加盟共和国。1936年，根据苏联宪法，联邦建制取消，三国分别成为苏联的加盟共和国。

苏联的社会主义建设

▲ 斯大林（1878—1953）

1931年2月，苏联领导人斯大林在一次讲话中说："延缓速度就意味着落后，而落后者是要挨打的。但我们不愿意挨打。……我们比先进国家落后了50～100年。我们应当在十年内跑完这段距离。我们要么做到这一点，要么被人打倒。"

实行高度集中的政治经济体制，是苏联短时间实现赶超的主要手段。它在政治上表现为权力高度集中，经济上主要体现在"优先发展重工业"和"推行农业集体化"两个方面。

从1928年起，苏联连续实施"五年计划"，在建设项目、资金、劳动力等方面向重工业倾斜。至1937年第二个"五年计划"完成时，苏联已成为世界工业强国，工业产量居欧洲国家首位、世界第二位。

历史纵横

斯达汉诺夫运动

苏联社会主义制度激发了劳动者的主人翁意识，他们以极高的热情投身于工业生产与技术革新中，其中以1935年8月掀起的"斯达汉诺夫运动"最为著名。斯达汉诺夫是一位年轻的掘煤手。他不断超越自己，创造新的工作纪录。之后，这个纪录又被其他工人反复刷新。斯达汉诺夫运动是一场以突破旧定额、创造新纪录、大幅度提高劳动生产率为主要内容的社会主义劳动竞赛，并很快在全国各条战线上得到响应。"斯达汉诺夫工作者"成为有干劲、能创新的社会主义建设者的荣誉称号。

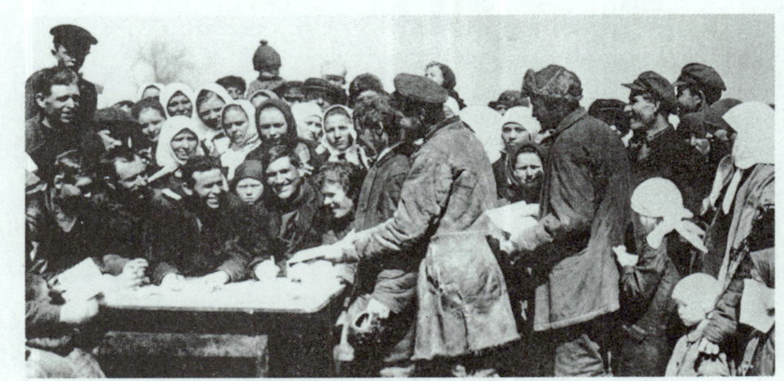

▲ 苏联农民加入集体农庄

工业发展加大了对粮食的需求，苏联决定把分散的小农户转变为以集体耕种为基础的大农庄，实行机械化的集约耕种。至1937年，农业集体化运动最终完成。

1936年，苏联颁布新宪法，宣布苏联是"工农社会主义国家"，这标志着苏联模式的确立。作为第一个社会主义国家，苏联摸索出一条快速实现工业化的道路，为此后取得卫国战争的胜利奠定了物质基础。当时，西方资本主义国家陷入了严重的经济危机，社会主义苏联则蓬勃向上，两者形成鲜明的对照。

不过，这一模式片面强调发展重工业，排斥市场经济，导致国民经济发展比例失调。农业集体化的快速推进，违背了自愿原则和经济规律，挫伤了农民的劳动积极性，进而损害了农业生产的持续发展能力。

学习探究

试述十月革命的历史意义。

拓展阅读

十月革命在中国的回响

十月革命的胜利，在中国社会引起了不同思想派别的论争。张东荪认为，十月革命可以在俄国实行，却并不适合中国，一旦传入中国并勉强实行，“不过在许多内乱上加一个内乱罢了”。胡适也明确不赞成革命，认为“可改良的，不妨先从改良下手，一点一滴地改良他”。与此相反，中国共产党的创始人之一李大钊为十月革命的胜利而欢呼，称之为20世纪“全世界人类普遍心理变动之显兆”，“世界革命的先声”。蔡和森也写道：“世界革命运动自俄革命成功以来已经转了一个大方向，这方向就是‘无产阶级获得政权来改造社会’”。后来的历史表明，李大钊、蔡和森等中国共产主义运动的先驱站在了时代发展的潮头浪尖。

第16课 经济危机与资本主义国家的应对

一战结束后，欧美国家的经济逐步复苏。从1923年至1929年秋，美国的汽车工业产量增长255%，提供了近500万个就业岗位。汽车不仅改变了美国人的生活状况，还带动了其他行业的快速发展。经济繁荣带来了投资热潮，股市疯涨，投资逐渐演变为投机。1929年3月有人警告说，这种无节制的行为将导致崩溃。几个月后，一场世界经济大危机果然爆发。

▲ 美国福特公司的汽车生产流水线

世界经济危机

1929年10月24日星期四，纽约证券交易所股价暴跌，大量股票被抛售。这一天被称为美国股市的“黑色星期四”，它成为经济危机的导火索。股市崩溃引发货币信用危机，上万家银行倒闭，企业大量停产，失业人数激增。

▲《秋夜之噩梦》（绘画）

该画发表于1929年11月20日。左图中喜好投机的主人公祈祷：“哦，墙啊墙，甜蜜可爱的墙，让我听听你的叮当声！”右图中投机失败后的主人公叫喊：“哦，邪恶的墙，你没给我带来祝福，我诅咒你们这些石头，你们欺骗了我。”

由于一战后世界市场对美国的依赖，经济危机由美国蔓延至资本主义世界其他地区，形成严重的世界性经济危机。除苏联等少数国家外，几乎所有国家都受到了冲击。各国为自保，纷纷采取提高关税等措施，国际贸易受阻，经济危机进一步加深。这次危机波及范围广，持续时间长，生产下降幅度大，3 000多万人失业，数以百万计的人不得不依靠赈济或施舍的少量物品维持生活，充分暴露了资本主义的基本矛盾及其国家管理的重大缺陷。

看图学史

请你谈谈求职牌反映了当时普通百姓怎样的处境。

▶ 英国街头挂着求职牌的失业者

求职牌上写着："我可以从事3种职业，会说3种语言，奋斗过3年，有3个孩子，可我已失业3个月了。我只希望有1个工作。"

▲ 罗斯福当选为美国总统后受到民众欢迎

罗斯福新政

1933年，正遭受经济危机折磨的美国民众迎来了新总统，他就是富兰克林·罗斯福。一战期间，罗斯福曾在美国海军任职，战后因患上脊髓灰质炎，几乎终止了政治生涯。不过，他并未向命运屈服。在竞选总统时，他总是以微笑和胜利手势来回应选民。在宣誓就职时，罗斯福告诉大家："我们唯一感到恐惧的就是恐惧本身。"他就任后，立即采取措施应对危机，史称"罗斯福新政"。

思考点

罗斯福新政主要包含哪些内容？

罗斯福新政的主要举措包括：整顿金融业，支持大银行重新开业，淘汰无偿付能力的小银行，并对小额存款提供信用保障；举办公共工程，实施"以工代赈"，解决大规模失业问题，扩大消费需求；调整农业生产，要求农民缩减耕种面积，屠宰大批牲畜，以消除农产品过剩现象，损失由政府补偿；颁布《全国工业复兴法》，要求资本家控制生产规模，协调劳资关系。

罗斯福新政缓解了美国的经济危机，避免了剧烈的社会动荡，其实质是通过国家大规模干预社会经济生活，一定程度上调整资本主义生产关系。但是，罗斯福新政没有改变资本主义的本质，无法解决美国社会的根本矛盾。

▲ 著名的"以工代赈"工程田纳西水利工程

人物扫描

凯恩斯，英国经济学家。他毕业于剑桥大学，后在母校任教。20世纪20年代，他提出国家干预的主张。1936年，他出版《就业、利息和货币通论》，提出调节社会总需求和总供给之间的平衡。他的理论被称为“凯恩斯主义”。它与罗斯福新政的实践相互印证，推动了资本主义经济体制的变革。

► 凯恩斯（1883—1946）

意、德、日的法西斯化

1922年10月24日，意大利的国家法西斯党为夺取全国政权，在那不勒斯举行了所谓“夺权誓师大会”。党魁墨索里尼发表了极具煽动性的演讲：“我们现在已是箭在弦上！”随后，数万名法西斯分子在墨索里尼的带领下，分三路向罗马进发。这就是历史上的“向罗马进军”。当这支队伍行进至距罗马还有30千米时，意大利国王决定授权墨索里尼组阁。

墨索里尼掌权后，通过改组内阁等方式，排斥其他政党，建立法西斯独裁体制。世界经济危机爆发后，为应对困境，法西斯政权组建工业复兴协会，由国家收购银行等企业股票，全面干预经济生活。墨索里尼还鼓吹对外扩张，在20世纪30年代中叶发动了侵略埃塞俄比亚的战争。

历史纵横

法西斯

“法西斯”，拉丁文为fasces，意为“束棒”，最早是古罗马时代的一种权力标志物，形状是一捆削得整整齐齐、粗细长短均等的圆棍，中间插着一柄战斧，外面用红绳系紧。古罗马的执政官等高级官员出巡时，由卫兵扛着“法西斯”为其开道，圆棍惩戒不服从者，战斧惩戒有重罪者。19世纪初，从fasces一词派生出意大利语词汇fascio，转义为“协会”或“联盟”。墨索里尼建立政党时，将该词与古罗马时代的权力观念相结合，使之含有独裁和暴力的意味。法西斯主义指的是崇尚独裁和暴力，推行对外扩张的思想和行径。

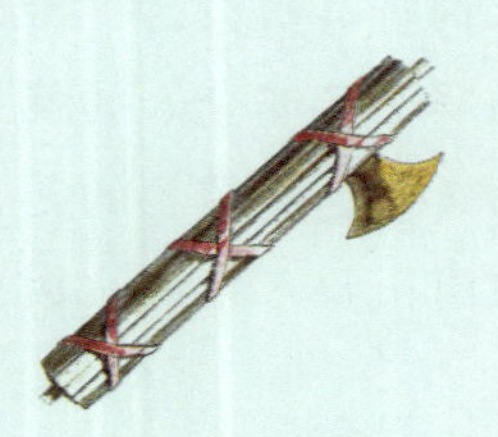

▲ 古罗马的“束棒”（绘画）

20年代初，希特勒组建“民族社会主义德意志工人党”（简称“纳粹党”），这是德国法西斯运动的开始。作为一战战败国，德国饱受割地赔款之苦，民族复仇主义情绪恶性膨胀。另外，德国在经济危机中遭受重创。希特勒利用民族情绪和经济危机骗取选票，于1933年初上台执政。掌权后的希特勒迫害共产党、让国会名存实亡，建立法西斯专政和元首独裁。纳粹政权宣扬种族优越论，迫害犹太人及其他少数族裔。从1936年起，希特勒重点发展军事工业，将德国经济转入战时轨道，积极扩军备战。

一战后的社会动荡催生出日本法西斯思潮。东条英机、冈村宁次等日本军人，试图以天皇为中心，建立军事独裁体制。当世界经济危机严重冲击日本经济时，法西斯分子认为，只有对外扩张才能摆脱危机。他们妄图把中国东北变成日本的殖民地，进而征服中国和世界。1931年，日本侵占中国东北地区。1936年，日本建立法西斯统治。第二年，日本发动全面侵华战争。

意、德、日三个法西斯国家对内独裁，对外侵略，成为欧洲和亚洲的战争策源地。

学习探究

世界经济大危机发生后，资本主义国家至少采取了两种不同的应对方式。为什么同样是资本主义国家，却采用不同的方式应对危机？请谈谈你的看法。

拓展阅读

德国纳粹政权的“经济奇迹”

希特勒上台时，德国失业人数超过600万，失业率超过30%。3年后，纳粹政权宣布实现了所谓“充分就业”，德国工业生产指数也超过了危机前的水平。纳粹宣传机构将其吹嘘为“经济奇迹”，但事实并非如此。纳粹政权采用国家干预的方式，的确解决了部分人的就业问题。然而，它的统计口径排除了犹太人，并要求女性让出劳动岗位。更重要的是，德国经济迅速打上军事性质的烙印，1933—1938年，军费开支在国民收入中的比例从4%增长至20.7%，军火生产指数提高了9.73倍。

第17课
第二次世界大战

格尔尼卡是西班牙一座宁谧的小镇。在西班牙内战[1]中，它处于政府军与叛军之间的拉锯地带。1937年4月26日，支持叛军的纳粹德国空军对格尔尼卡进行了长达两个小时的轰炸，小镇被夷为平地，大批无辜平民罹难。一个半月后，毕加索在激愤中完成了油画《格尔尼卡》。他用看似杂乱无章的构图揭示了战争的恐怖和灾难，表达了对战争罪犯的声讨和对死难者的哀悼。

▲《格尔尼卡》(绘画)

战争的爆发

▲ 张伯伦在伦敦机场

1938年9月，当英国首相张伯伦拿着他与希特勒签署的《英德宣言》回到伦敦机场时，受到在场民众的热烈欢呼。张伯伦得意地向人们展示了那份应允“互不侵犯”的协议，并宣称“从今以后，整整一代的和平有了保障”，“现在我请你们回去，在你们的床上安心睡觉吧！”然而，事与愿违，他所许诺的和平不到一年便毁于战火。

法西斯国家热衷于对外扩张。墨索里尼多次宣称要把地中海变成“罗马湖”。希特勒一直叫嚣着“铸造神剑”，不断毁约扩军。日本早已把它的魔爪伸向中国。1936—1937年，三个法西斯国家签订了《反共产国际协定》，形成了“柏林—罗马—东京轴心”。

① 西班牙内战于1936年爆发，1939年结束。

思考点

第二次世界大战为何爆发？

面对日益逼近的法西斯威胁，英法等国推行“绥靖”政策，不断妥协退让，通过牺牲弱小国家的利益，达到避战求和的目的，还试图祸水东引，鼓动德国进攻苏联。1938年3月，德国吞并奥地利。半年后，英、法、意、德四国签订《慕尼黑协定》，把捷克斯洛伐克苏台德地区割让给德国，史称“慕尼黑阴谋”，绥靖政策达到顶峰。法西斯国家侵略野心膨胀，人类社会再次被推向世界大战的深渊。

第二次世界大战经历了从局部战争到全球战争的过程。1931年九一八事变爆发，日本发动侵华战争，拉开了第二次世界大战的序幕。1937年日本制造七七事变，全面侵华，中国开始全民族抗战，这也成为第二次世界大战在亚洲爆发的标志。中华民族结成抗日民族统一战线，团结抗日，开辟了对日本法西斯持久作战的东方主战场。

1939年9月，德国以“闪击战”突袭波兰，随后英法被迫对德宣战，第二次世界大战全面爆发。

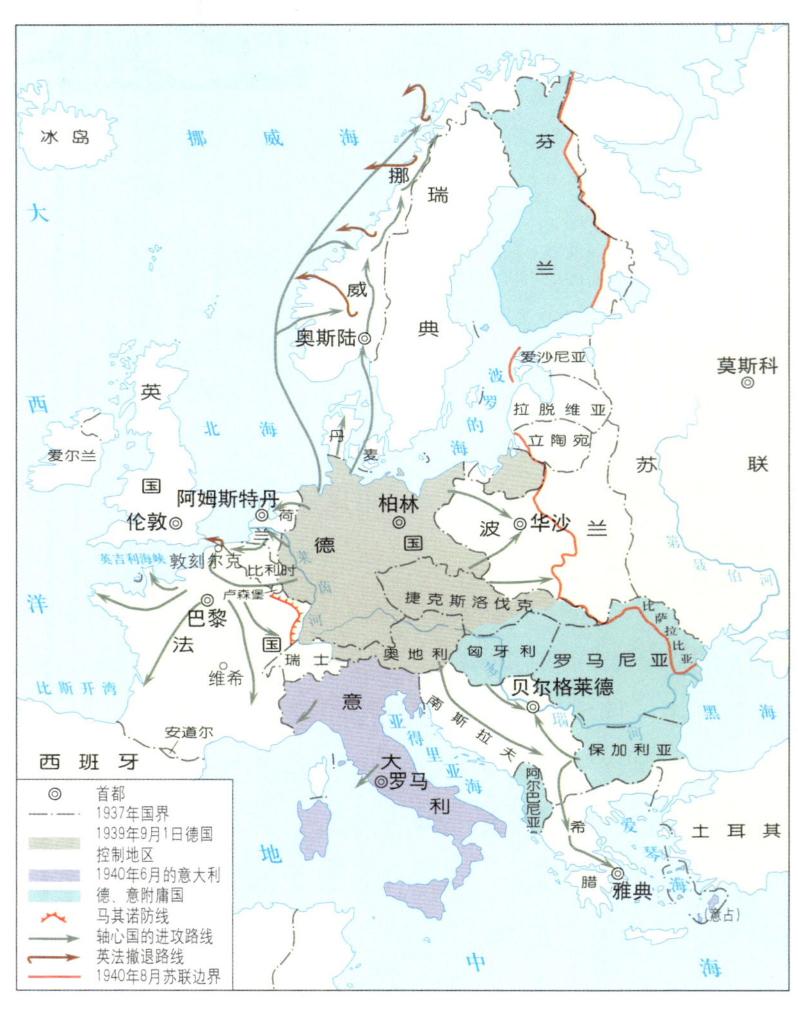

第二次世界大战欧洲战场形势图（1939—1941年）

战争的扩大与转折

▲ 莫斯科战役期间的红场阅兵

在欧洲战场，德军入侵波兰后，北上攻陷丹麦和挪威，向西逼降荷兰、比利时。1940年5月，德军突袭法国，30万英法联军被迫经敦刻尔克撤到英国。6月，法国投降。

1940年7月，希特勒开始空袭英国。英国新任首相丘吉尔号召全国军民坚持抵抗，挫败了德国的空战计划。此后，希特勒占领并控制了东南欧各国。1941年6月，德国全面进攻苏联。苏联军民经过浴血奋战，取得莫斯科保卫战的胜利，粉碎了德军“不可战胜”的神话，宣告希特勒“闪击战”的破产。在中国战场上，中国军民英勇奋战，抗击着日本陆军主力。

▲ 日军偷袭后的珍珠港

1941年12月7日清晨，100多架日本战机突然出现在美国海军基地珍珠港上空。还没等美国官兵反应过来，日军就投下大量炸弹。不久，又有第二波战机发动了攻击。不到两个小时的时间，仓促应战的美军损失惨重，十几艘军舰被击沉或受重创，近200架飞机被摧毁，军民死伤几千人。这就是“珍珠港事件”。第二天，美国对日宣战，第二次世界大战发展到全球阶段。

人物扫描

丘吉尔，英国政治家、历史学家、文学家。丘吉尔主张对德强硬，二战期间临危受命出任首相，领导英国军民抵抗纳粹侵略。他推动英国与美苏中等国家组建世界反法西斯同盟，为反法西斯战争的胜利作出了贡献。1946年，他发表“铁幕演说”，拉开了冷战的序幕。他著有《第二次世界大战回忆录》等作品，1953年获得诺贝尔文学奖。

◄ 丘吉尔（1874—1965）

1942年1月，包括中国在内的26个反法西斯国家在华盛顿举行会议，签署《联合国家宣言》，各国承诺用全部的军事力量和经济资源进行反法西斯战争，确保彼此合作，不单独同敌人停战或媾和。世界反法西斯同盟正式形成。此后，又有21个国家陆续加入反法西斯同盟。

1942年下半年起，盟国开始战略反攻。在欧洲战场，苏军取得斯大林格勒战役的胜利，消灭了约150万德军。在非洲战场，英军赢得阿拉曼战役。在太平洋战场，美军在中途岛海战中大败日军。这些战役粉碎了法西斯国家称霸世界的野心，成为二战的转折点。

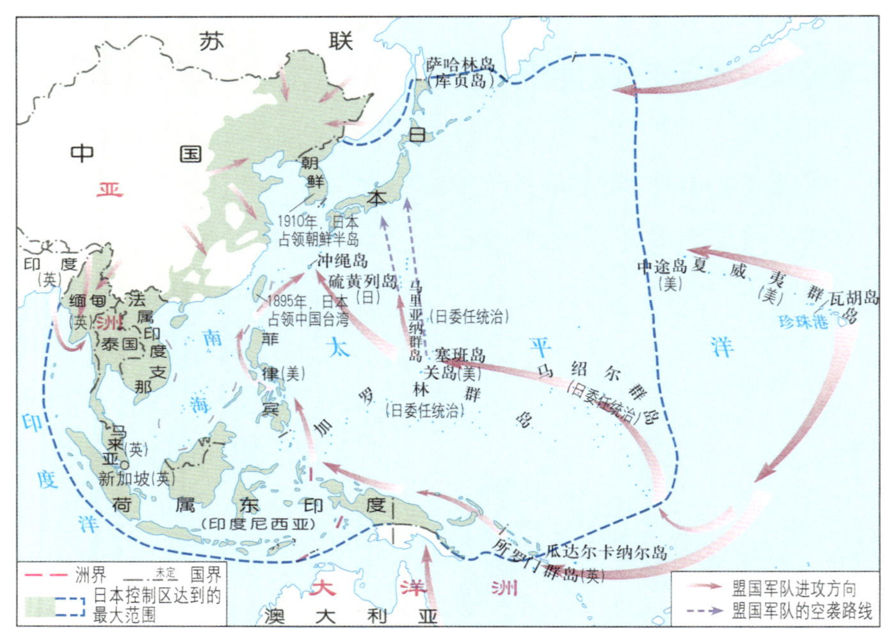

第二次世界大战亚洲及太平洋战场形势图（1941—1945年）

历史纵横

“最后解决”方案

法西斯国家倒行逆施，犯下严重罪行，其中之一是纳粹德国的“最后解决”方案。纳粹党上台后，不断升级迫害犹太人的手段。最初是禁止犹太人担任公务员，后来公然剥夺他们的公民权，还在占领区建立所谓的“隔都”，把犹太人都封闭在那里。1942年1月，纳粹分子制订了所谓的“最后解决”方案，有组织地将欧洲各地的犹太人运送到波兰境内的6座灭绝营中。在随后几年里，灭绝营用毒气等方式杀害了400万～500万犹太人。不仅如此，在德国的其他占领区及其盟国，也发生了类似屠杀。据估计，二战期间遇害的犹太人总数在600万左右。

反法西斯战争的胜利

1943年，英美盟军登陆西西里岛，进军意大利本土。墨索里尼被废黜，意大利新政府签署无条件停战协定，正式退出法西斯集团，并宣布对德作战。从1944年初开始，苏军集中兵力，连续实施了10次高速度大规模的战略进攻，不仅收复了几乎全部的国土，还协同各国反法西斯力量解放了大片被德军控制的区域，部分苏军已攻入德国本土。

▲ 诺曼底登陆

1944年6月5日晚，盟军对法国西部诺曼底的德军防御阵地投下了约1万吨炸弹，随即发起登陆作战。这一进攻完全出乎德军的意料。此前，德国人认为，盟军最可能登陆的地点是加来。那里是英吉利海峡的最窄处，离德国本土最近。盟军也摆出进攻加莱的姿态，成功迷惑了德军。当盟军的登陆部队突然出现在诺曼底方向时，驻守的德军猝不及防，防线渐渐崩溃。至12日，盟军已经把登陆场连成一片。随着盟军成功登陆，英美等国开辟了对德作战的第二战场，有效配合了苏军在东线战场的反攻。

诺曼底登陆后，盟军进展迅速，法国、比利时相继获得解放。1945年4月，美苏两军在易北河会师。4月30日，希特勒自杀身亡。5月8日，苏军攻克柏林，德国投降，欧洲战争结束。8月，美军向日本广岛和长崎投下原子弹，苏军向侵占中国东北和朝鲜半岛的日本军队发起进攻，中国军队也全面反攻。8月15日，日本宣布无条件投降，9月2日正式签署投降书。第二次世界大战结束。

▲ 美国和苏联军队在易北河会师

二战的影响与战后国际秩序的确立

第二次世界大战是人类历史上的空前浩劫。据统计，战争造成全世界军民死亡6 000多万人，军费消耗约13 000亿美元，物质损失约42 700亿美元，还有难以估量的心理创伤。但这场世界反法西斯战争沉重打击了侵略者，有力地维护了世界和平。在这次战争中，中国人民承受了巨大牺牲，中国抗战为赢得世界反法西斯战争的胜利作出了重大贡献。

思考点

雅尔塔体系包括哪些主要内容？

第二次世界大战中后期，反法西斯同盟的大国首脑相继在开罗、德黑兰、雅尔塔和波茨坦等地召开会议，缔结了一系列条约和协定，对战后国际秩序作出安排，史称“雅尔塔体系”。雅尔塔体系的主要内容包括：重新确定欧亚国家的版图；日本窃取的中国领土，如东北地区、台湾及其附属岛屿、澎湖列岛等归还中国；审判战犯；成立联合国等。

▲ 1945年董必武在《联合国宪章》上签字

1945年，联合国成立。它是由主权国家组成的国际组织，体现了第二次世界大战后的国际政治秩序。其宗旨是维护世界和平与安全，加强国际合作，促进全球经济社会发展。它设有安全理事会，其中的常任理事国由美苏英中法五国担任。安理会实行“大国一致”原则，即形成实质性事项的决议需要五个常任理事国一致同意。

雅尔塔体系是不同社会制度国家之间进行合作的结果，以维护世界和平为主要目标。但它带有明显的强权政治色彩，损害了一些国家的利益。

学习探究

请向同学介绍一部反映二战的历史影片，并作简要评述。

拓展阅读

第一颗原子弹的研制

19、20世纪之交，各国科学家对放射性物质的研究为研制原子弹创造了条件，尤其是铀裂变的发现影响巨大。1939年夏，传闻德国科学家正在柏林秘密开会，讨论利用原子科学的成果制造新式武器。这让一批从欧洲逃到美国的科学家十分担心。他们认为，如果纳粹德国首先拥有这种新型炸弹，希特勒就有可能统治世界，甚至毁灭世界。他们说服爱因斯坦等向罗斯福建言研制原子弹。1942年6月，美国制订了“曼哈顿计划”，开始集体研发。1945年7月16日上午5时30分，第一颗原子弹爆炸成功。

▲ 1945年8月6日美国在日本广岛投掷的原子弹

第七单元
第二次世界大战后 世界的新变化

第二次世界大战后，以美苏为首的两大阵营之间的冷战持续了近半个世纪，深刻影响了世界历史的进程。资本主义国家普遍注重对经济的宏观调控和实行社会福利制度。社会主义从一国扩展至多国，在世界上的影响空前扩大，特别是中国特色社会主义道路的开创，为世界社会主义运动提供了重要经验。西方殖民体系全面崩溃，包括新兴独立国家在内的亚非拉发展中国家，成为推动世界多极化的重要力量。

通过本单元的学习，了解冷战的形成及其影响；认识战后资本主义的发展变化及其原因；了解社会主义国家的建设成就与改革；知道苏联解体、东欧剧变与冷战结束；认识中国特色社会主义建设的世界意义；知道殖民体系的瓦解和新兴独立国家走上现代化道路的过程。

第18课
美苏冷战

纳粹政权崩溃后，美、英、法、苏四国分区占领了德国及其首都柏林。1948年，苏联为抗议美英法在占领区的币制改革，切断了西柏林与外界的水陆交通，停止了煤、电、食品供应。美英则通过大规模空运，来解决西柏林200多万居民的生活需要。这就是第一次柏林危机，是美苏冷战中的第一次严重对峙，加速了德国的分裂。1949年，德意志联邦共和国（简称“联邦德国”）、德意志民主共和国（简称“民主德国”）相继成立。分裂的德国成为美苏在欧洲冷战的前沿。

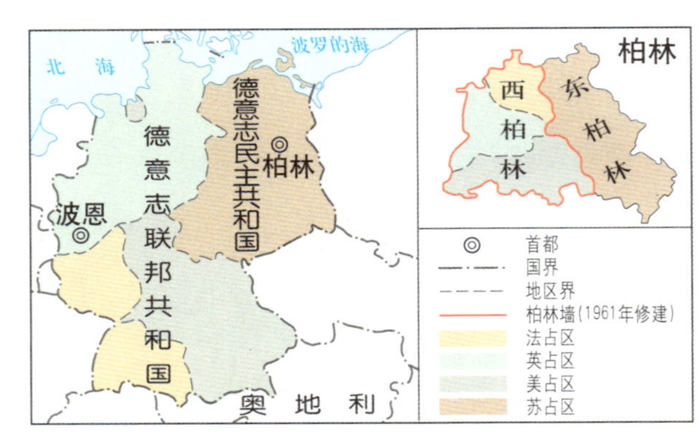

四国分区占领德国示意图

冷战的发生

在击败法西斯政权后，美苏战时合作的基础不复存在。经济、军事实力空前强大的美国称霸世界的欲望十分强烈，认为自己有责任向外输出资本主义制度和自由观念。苏联希望有和平的环境发展经济，并保障自己的国家安全，同时努力推动在更多的国家建立社会主义制度。美苏国家战略和意识形态的对立，逐步在实践中演化成两种制度和两大阵营的对峙。

▲ 杜鲁门在国会发表演说

1947年2月，英国紧急请求美国援助希腊和土耳其，以免它们落入苏联之手。美国认为这是取得世界领导权的良机。3月，美国总统杜鲁门在国会发表演说，宣称世界已经分为两个对立阵营，对希腊和土耳其的援助关乎美国国家安全。他宣布美国要领导“世界各地自由民族”，反对共产主义。这篇演说标志着杜鲁门主义的出台和美国对苏冷战的开始。

美国通过“马歇尔计划”援助西欧，并联合英、法等国成立北大西洋公约组织（简称“北约”），还在拉美、东亚等地缔结一系列军事协定。美国打着反对“共产主义扩张”的旗号，在政治、经济、军事、文化等方面对苏联进行遏制。苏联则针锋相对，坚决还击，与东欧国家相继成立经济互助委员会和华沙条约组织（简称“华约”）。美苏对峙变成两大政治、经济、军事集团之间的较量，两极格局形成。但美苏并未爆发直接的武装冲突，而是形成既非战争又非和平的“冷战”局面。

人物扫描

马歇尔，美国军事家、政治家和外交家。马歇尔家境优越，但在童年时代父母仍要他去割草喂牲口。他上中学时并不出众，进入了弗吉尼亚军事学院后，开始刻苦学习、训练。二战时，马歇尔任美国陆军参谋长，战后历任美国国务卿、国防部部长等职务。以他名字命名的“马歇尔计划”，向西欧国家和德国的西占区提供经济援助。“马歇尔计划”对西欧经济的恢复和一体化起到促进作用，进一步扩大了美国在西欧的影响，以经济的方式实践了杜鲁门主义。

▲ 马歇尔（1880—1959）

历史纵横

经济互助委员会

1949年初，苏联、保加利亚、匈牙利、波兰、罗马尼亚、捷克斯洛伐克六国的代表在莫斯科举行会议，成立经济互助委员会，简称“经互会”。后来阿尔巴尼亚、民主德国、蒙古、古巴、越南等国陆续加入。经互会促进了社会主义国家间的多边经济合作，对打破西方经济封锁、克服战后经济困难起到了一定作用。

冷战中的对峙与缓和

冷战爆发后，美苏两大集团在政治、经济、军事、外交、意识形态等方面进行全方位较量，尤其是展开了激烈的核军备竞赛。至1970年，美苏的陆基洲际导弹分别达到1 054枚和1 300枚，这些核武器的一小部分就足以毁灭对方。美苏两国还通过直接或间接的军事干涉，在朝鲜、越南、安哥拉、阿富汗等地制造“热战”。

1959年，古巴取得革命胜利。新政府发展同苏联的关系，1961年宣布走社会主义道路。苏联不仅向古巴提供大量的经济和军事援助，还在古巴秘密部署中程导弹，引起了美国的强烈反对。1962年10月，美国出动大批军舰和载有核武器的飞机将古巴“隔离”，军队进入戒备状态。苏联的武装部队也做好了战争准备。美苏都摆出要诉诸武力，甚至不惜打核战争的阵势。古巴导弹危机让全世界都面临着被毁灭的危险，冷战达到了高潮。

在这种空前紧张的局势下，美苏最终选择理性地处理危机，两国进行多次秘密谈判，领导人之间频繁联系。最终，苏联同意撤走导弹，保证不再将进攻性武器运往古巴；美国则承诺不入侵古巴，危机得以化解。

看图学史

观察地图，谈谈美国为何对苏联在古巴部署导弹反应强烈。

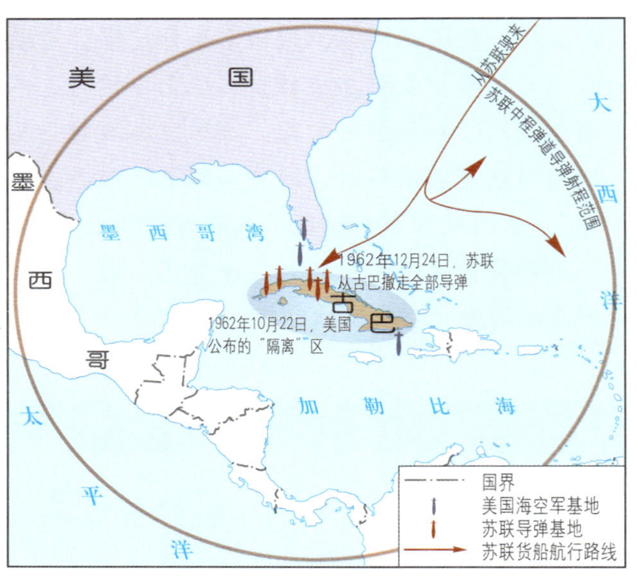

古巴导弹危机形势图

看图学史

下图描述了什么场景？

▲《核武器的否决权》（绘画）

为防止意外冲突发生，美苏在危机后立即建立了“热线”联系，并签署了部分禁止核试验的条约。美苏缓和的态势，大致延续至20世纪70年代末。

在美苏冷战的同时，世界多极化趋势开始出现并不断发展。随着欧洲国家联合进程的推进，日本经济的恢复，西欧和日本重新成为重要的国际力量。新中国成立后，在经济、军事、外交等领域取得举世瞩目的成就，成为国际社会中不可忽视的政治力量。自20世纪50年代起，发展中国家登上国际政治舞台。

冷战的结束

1979年12月，苏联大举入侵阿富汗，并在阿富汗驻军十年之久。与此同时，美国加强对苏遏制，大幅提高军费开支。美苏对峙再度加强。1983年，美国总统里根提出“战略防御计划”，旨在运用高科技手段，建立多层次、多手段的导弹防御体系，为美国提供绝对的安全保障。美国不仅希望在军事上保障自己的安全，更试图通过新一轮的军备竞赛在经济上拖垮苏联。

思考点

美国为什么要提出“战略防御计划”？

1985年戈尔巴乔夫担任苏联领导人后，实行战略收缩。苏联宣布不再干涉东欧事务，并陆续从东欧、阿富汗撤军。自1989年起，东欧政局持续动荡，各国的社会制度急剧变化。1991年，经互会、华约相继解散，苏联解体。两极格局终结，冷战结束。

▲ 1987年里根与戈尔巴乔夫签署《美苏消除两国中程和中短程导弹条约》

该条约简称“中导条约”，是美苏达成的第一个真正裁减军备的条约。条约规定两国销毁各自全部的中程、中短程导弹。

持续近半个世纪的冷战，让全人类多次面临核战争的威胁，局部地区的热战造成了大量的人员伤亡和难民问题。冷战期间形成的一些思维和政策，至今仍影响国际关系的发展。

学习探究

结合所学，想一想是哪些因素导致了冷战的发生。

拓展阅读

巴黎统筹委员会

冷战时期，为了限制社会主义国家从美国获取战略物资和高新技术，遏制社会主义阵营军事、经济、科技的发展，美国对社会主义国家进行了贸易管制。1950年，以美国为首的6个国家在巴黎建立“对共产党国家出口管制统筹委员会”，即“巴黎统筹委员会”。此后，又有11个国家加入。1952年，在巴黎统筹委员会下另设“中国委员会”，对新中国实施更严格的贸易管制政策。巴黎统筹委员会阻碍了各国间经济文化的交流，不利于世界的和平与发展，1994年解散。

第19课 资本主义国家的新变化

▲ 莫内（前排右二）在审议其计划的会议上

法国在二战中损失惨重，战后的经济恢复却较快，其中一个重要原因是1947年“莫内计划”的实施。莫内是法国计划总署首任署长，他领导制定了资本主义国家的第一个全国性计划。该计划把大量资金投入基础建设，优先发展煤炭、电力、钢铁、水泥、农机和交通等关键部门；提出全国生产在1948年要恢复到1929年的水平，1950年要在1929年水平的基础上再提高25%。经过几年的努力，计划的目标基本实现。莫内计划的制定与实施，反映了战后资本主义国家调控经济发展的新特点。

国家的宏观调控

二战后，美国杜鲁门政府推出“公平施政”纲领，宣称让每个美国人都能从国家的繁荣中获得“公平的一份”。“公平施政”的主要内容包括：稳定经济，充分就业，扩大社会保障，加快住房建设，发展教育事业，保护和开发自然资源等。有人批评这一做法是“偷偷摸摸的社会主义”，杜鲁门则反驳说，美国必须应对“眼前的现实”，要用实际行动而非言辞去证明“民主生活的价值”。

▲ 1946年美国一座工厂外警察与罢工工人发生冲突

“公平施政”的推行有复杂的国内和国际背景。在国内，随着战争的结束，大量复员军人需要安置，工人罢工及黑人民权运动此起彼伏。国际上，以苏联为首的社会主义国家广泛实行福利措施，迫使美国也必须采取改良举措。“公平施政”是罗斯福“新政”的延续，体现了国家干预的加强。

二战后，资本主义世界在经济上确立了市场调节与国家调控相结合的机制。它们以充分就业、稳定物价为宏观政策目标，制订经济发展规划；运用立法、财政等方式推动经济发展；通过社会福利、税收调节等手段对国民收入进行再分配。这些措施取得一定成效，各主要资本主义国家的经济都一度获得较快增长。

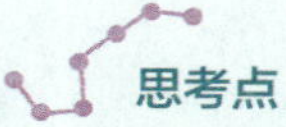
思考点

二战后资本主义国家为什么要加强宏观调控？

历史纵横

日本的《国民收入倍增计划》

1960年，日本政府推出《国民收入倍增计划》。该计划的目标是“极大地提高国民生活水准和达到充分就业”，用10年使国民生产总值翻番。该计划既有明确的长期宏观经济规划，也有短期具体目标和措施。政府重点加强国家基础设施建设，并将人才培养作为发展经济的重要环节。计划的实施有力地推动了日本经济的高速发展，至1968年，日本的经济实力已跃居资本主义世界第二位，1970年国民生产总值较10年前翻了1.4番，人均收入年平均增长率为10.4%，超过预定目标。

“福利国家”

1942年，英国政府组织的调查委员会发表报告，建议构建一个广泛的社会保障体系，让所有英国人都享受社会福利制度的保护。这份报告深深打动了英国民众，大家争相阅读。英国工党对报告持积极态度，要求政府采纳，执政的保守党则态度冷漠。1945年7月，英国举行大选，工党获胜。工党执政后，接受了调查委员会的部分建议，如推行全民免费医疗保险，为投保职工提供补助金，改善居民居住条件，实施中学免费教育等。1948年，英国宣布建成世界上第一个“福利国家”。

▲ **英国民众领取救济金**

1946年8月英国救济金首发日，一位母亲携带孩子在伦敦等待领取救济金。

所谓“福利国家”，是指国家通过构建社会保障体系，确保个人和家庭的经济安全；通过加大社会服务开支，保障全体公民享受较好的公共福利。在建设“福利国家”过程中，西方主要资本主义国家逐步建立包含医疗保健、住房保障、养老、失业保险和国民教育等在内的社会保障制度。

人物扫描

艾哈德，联邦德国政治家、经济学家。他生于商人家庭，早年接受过职业教育，后进入法兰克福大学学习，获得博士学位，历任经济部部长、总理等。任内，他推行“社会市场经济”制度，既按市场经济规律办事，又以社会保障制度为辅助。这些政策，加上“马歇尔计划”的实施，使联邦德国主要经济指标在1952年超过战前水平。

艾哈德（1897—1977）

思考点

如何正确理解“福利国家”制度的利弊？

“福利国家”制度的推行是广大劳动群众长期斗争的结果。它在消除社会不公、保障公民基本生存条件、促进社会民主和安定等方面，起到一定的作用，但也加重了国家的经济负担。“福利国家”制度只是资本主义国家统治手段和方式的变化，并未触动资本主义生产资料私有制，也不可能克服资本主义的基本矛盾。20世纪70年代，主要资本主义国家发生“滞胀”[①]现象时，减少福利就成为各国改革的重要内容。

社会阶层的变化

英国剧作家波特于20世纪50年代末就读于牛津大学，他发现同学多数来自中间阶层，这一发现并非个例。实际上，二战以后英国的大学中，越来越多的学生是中间阶层家庭的子女。20世纪50—70年代，中间阶层大学生的比例从36%上升至56%。

现代意义上中间阶层的出现与工业革命密切相关。工业社会的一个特征是整个社会日益分裂成资产阶级和无产阶级，但在它们之间也存在着一个中间阶层。这一阶层不拥有或少量拥有生产资料，有较高收入，生活条件接近资产阶级。二战后，这一阶层出现一些变化。除了原来的小农场主、小店主和小企业家，大量增加的专业技术人员、经理、学校教师、政府中下级官员等成为中间阶层的主流。至20世纪

① 20世纪70年代，主要资本主义国家出现不同程度的经济低速增长及高失业率与通货膨胀并存的现象，被称为“滞胀”。

80年代，中间阶层的发展趋于稳定，在各发达国家中的人口比例保持在25%~30%。

工人阶级和资产阶级也出现一些新变化。工人阶级中，从事脑力劳动和在非物质生产部门就业的人员增加，采用非全日制工作形式的人员增多。资产阶级中，大资产阶级的实力虽强，但中小资产阶级利用先进技术优势和灵活经营的方式，在资本主义生产体系中也占有一席之地。

妇女地位的提高是社会阶层变化的又一体现。资本主义国家对妇女的歧视长期存在。二战后，争取男女享有平等权利的妇女运动兴起。在这一运动推动下，大多数国家的妇女获得了选举权和被选举权。

▲《韦伯夫人日记》书影

英国作家西蒙兹的系列漫画塑造了“韦伯夫人”的形象。漫画中的韦伯夫人做过护士，后来成为儿童作家，丈夫是伦敦理工学院的讲师。这些职业都具有典型的中间阶层特征。

学习探究

简要归纳二战后主要资本主义国家出现的新变化及其原因。

拓展阅读

美国黑人民权运动

内战结束后，美国虽然在法律上承认了黑人的公民权，但在此后的100年间，美国黑人仍然备受歧视，生活在社会的底层。20世纪60年代，以马丁·路德·金为代表的美国黑人掀起轰轰烈烈的民权运动。他们在餐厅、影院、图书馆静坐，故意在公共汽车上与白人混坐，甚至采取武装抗暴的行动，最终迫使美国国会通过民权法案，宣布种族隔离和歧视政策为非法。但种族隔离和种族歧视并未在美国消失。

► 马丁·路德·金在演讲

第20课 社会主义国家的发展与变革

1944—1945年，苏军对纳粹德国及其仆从国发动一系列重大的战略性进攻，解放波兰等国，最终攻克柏林。苏联在打败纳粹德国过程中发挥了关键作用，提高了社会主义的威望。在苏联的影响下，欧亚许多国家走上社会主义道路。

▲ 苏军受到波兰人民的热情欢迎

社会主义从一国到多国的扩展

二战结束前后，波兰、匈牙利、捷克斯洛伐克、保加利亚、罗马尼亚、南斯拉夫、阿尔巴尼亚等国纷纷建立人民民主政权。随着美苏冷战的兴起，东欧各国纷纷建立社会主义制度。捷克斯洛伐克就是典型的例子。

1946年，捷克斯洛伐克组建新政府，在26名内阁成员中，共产党员只占9名。在国家未来走向的问题上，各政党斗争激烈。1948年2月，捷克斯洛伐克政府危机爆发，苏、美都出面干涉。苏联派外交部副部长向捷共转达意见："要坚定些，不能向右派让步。"美国驻捷大使中断休假返回布拉格，公开支持资产阶级政党。捷共顶住了压力，组建工人民兵。全国250万工人响应捷共号召，举行1小时全国总罢工。最终，资产阶级部长辞职，捷共在政府中取得了绝对优势，为走向社会主义扫清了障碍。

▲《中苏友好同盟互助条约》签订

1950年2月，中国和苏联签订同盟条约，标志着新中国正式加入社会主义阵营。

除捷克斯洛伐克外，波兰等7个东欧国家，中国等4个亚洲国家也建立了社会主义制度，社会主义从一国扩展至多国。通过相继成立的共产党和工人党情报局、经互会、华约等组织，社会主义国家在政治、经济和军事等多方面加强了合作，社会主义阵营形成。

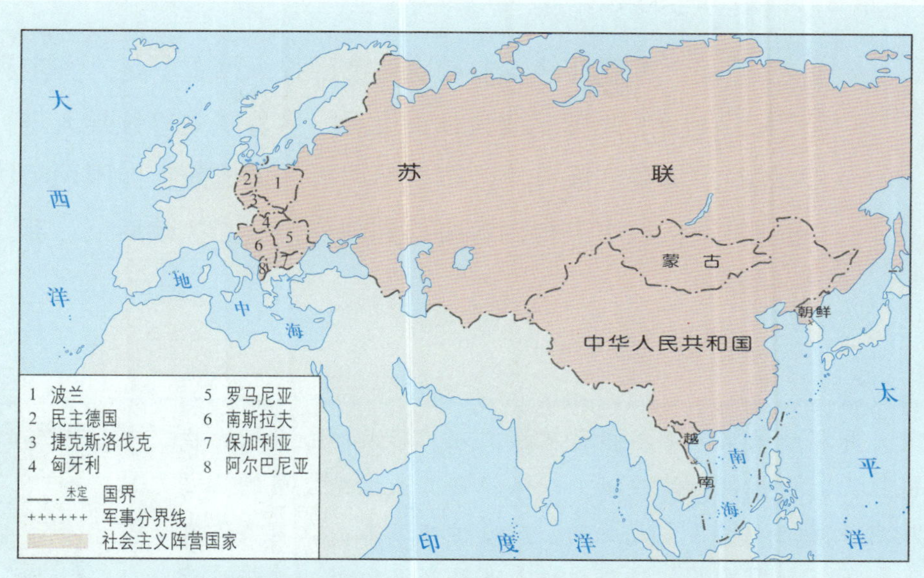

第二次世界大战后社会主义阵营示意图（1955年）

历史纵横

共产党和工人党情报局

1947年，苏联、南斯拉夫、保加利亚、罗马尼亚、匈牙利、波兰、捷克斯洛伐克、法国、意大利等9个国家的共产党和工人党在波兰开会，决定成立共产党和工人党情报局。情报局举行代表会议，通过了关于保卫世界和平、反对战争和加强工人阶级团结统一的决议，还发行机关刊物《争取持久和平，争取人民民主！》。1948年，苏联和南斯拉夫关系恶化，情报局开除了南斯拉夫。此后，情报局活动减少，1956年解散。

苏联和东欧国家的建设成就与改革

美国在1945年率先研制出原子弹并用于对日作战，让苏联感受到了威胁。尽管当时百废待兴，斯大林仍指示集中全国力量开展原子弹研究。约40万人直接参与核开发，另有相关工作人员30万人。这个规模远远超过美国的“曼哈顿计划”。1949年8月，苏联第一颗原子弹爆炸成功，打破了美国的核垄断。此后，苏联建成世界上第一座原子能发电站，发射了世界上第一颗人造地球卫星和第一艘载人宇宙飞船。这些成就展现了苏联集中全国力量攻克尖端

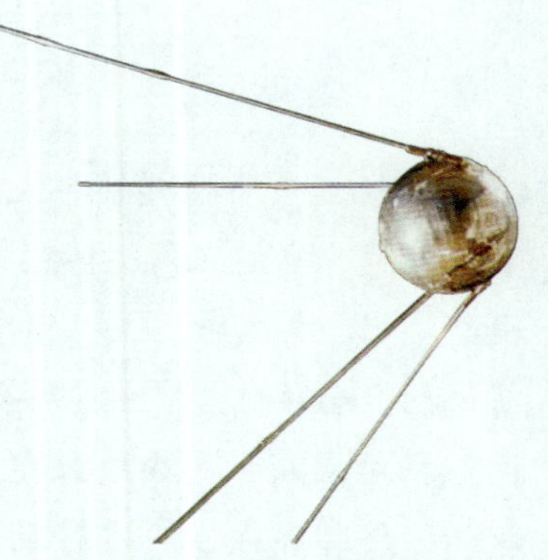

▲ 1957年10月，苏联发射的世界上第一颗人造地球卫星

科学技术难题的优势。

然而，苏联在轻工业和农业方面投入严重不足，一定程度上影响了人民生活的改善。斯大林去世后，赫鲁晓夫等领导人进行改革，引入某些市场经济成分。改革虽然取得一定成效，但国民经济比例失调问题仍未从根本上得到解决。到勃列日涅夫执政后期，苏联经济发展陷于停滞。

人物扫描

赫鲁晓夫，苏联政治家，早年当过机械工人，斯大林去世后逐步掌握苏联最高权力。他推行经济改革，在保障重工业优先发展的基础上，加速发展农业生产，倡导垦荒运动，广泛种植玉米，改革集体农庄管理体制，把国家和农民的经济关系纳入商品经济轨道。这些改革一定程度上推动了农业的发展，农民的生活水平也有了较大的提高。但由于苏联模式的影响、劳动生产率低、政策缺乏一致性等原因，改革效果到后期明显减弱。

▲ 赫鲁晓夫（1894—1971）

▲ 民主德国的小轿车生产线

东欧社会主义国家的建设曾取得显著成效。波兰在1956—1960年实施第一个五年计划，经济发展迅速，工业增长近60%，农业增产20%，职工的实际工资增长23%。1968—1973年，匈牙利国民收入年增长率为6%。1988年，民主德国人均国民收入达到8 500美元，过半的家庭拥有小轿车。

在发展过程中，东欧国家也面临着国民经济比例失调的问题。它们先后尝试改革，然而这些改革都没有突破苏联模式的束缚，匈牙利、捷克斯洛伐克的改革还遭到苏联的武装干涉。20世纪七八十年代，部分东欧国家陷入困境。

人物扫描

铁托，南斯拉夫领导人，不结盟运动的创始人之一。他出生于贫苦农民家庭，当过工人，1920年加入南斯拉夫共产党，1938年成为南共中央总书记。二战中，铁托领导南斯拉夫人民抗击纳粹德国的侵略，最终取得胜利。南斯拉夫建立了社会主义制度，成为社会主义阵营成员之一。后因苏联对南斯拉夫内政外交政策的干涉，南苏关系破裂。铁托开始实施政治经济体制改革，实行独立自主的外交政策，并发起不结盟运动。但由于过度放权，南斯拉夫的地方主义、自由主义抬头，埋下诸多隐患。

▲ 铁托（1892—1980）

1985年，戈尔巴乔夫出任苏共中央总书记。他先在经济领域进行改革，但收效甚微。于是又仓促转向政治改革，主动取消苏共的领导地位，抛弃马克思主义指导，放弃社会主义制度，实行议会制、总统制和多党制。当时，苏联意识形态斗争十分激烈，全面否定苏联历史、苏共历史，否定列宁，否定斯大林，搞历史虚无主义，造成人们思想混乱，民族分裂主义兴起，局势迅速失控。从1990年开始，苏联的加盟共和国纷纷宣布独立。1991年12月26日，苏联解体。在此前后，东欧各国共产党或工人党均先后失去执政地位，政治上开始实行议会民主制和多党制，经济上推行私有化，东欧各国社会主义制度发生根本性蜕变。

▲ 1991年12月25日晚，苏联国旗从克里姆林宫降下

苏联境内各独立国家示意图（1990年3月11日—1991年12月16日）

从内因来讲，苏联解体、东欧剧变既是各国共产党尤其是领导人错误政策的结果，也是历史问题长期积累的结果。如放弃了马克思列宁主义的指导，放弃了共产党的领导地位，僵化地对待社会主义，忽视人民生活水平的提高，未能正确处理民族关系和民族矛盾等。从外因来讲，美国等西方国家是这场大变动的直接推手。西方国家长期推行“和平演变”战略，进行意识形态渗透和政治施压，并以金钱收买和豢养一批反对派力量来进行破坏。它们明目张胆地支持苏联、东欧国家的反对派，不仅给予舆论支持，还提供了大量物资和经费。

苏联和东欧的社会主义建设是人类历史的重要部分。苏东国家在严峻的国际环境下，把经济文化落后的农业国建设成工业化国家，发挥制度优势攻克科技难题，积累了国家建设的宝贵经验，但也留下了许多值得汲取的深刻教训。

思考点

苏联解体和东欧剧变给予我们什么启示？

苏联解体和东欧剧变，使社会主义遭受巨大挫折，但这只是社会主义发展过程中的一个暂时曲折，不会改变社会主义必然代替资本主义的历史规律。

新中国的社会主义建设与中国特色社会主义道路的开创

1949年中华人民共和国的成立，开辟了中国历史的新纪元，也极大改变了世界政治格局。社会主义基本政治、经济制度的建立，为当代中国一切进步和发展奠定了根本政治前提和制度基础。中国共产党领导人民开展大规模的社会主义建设，取得包括“两弹一星”在内的各个方面的巨大成就。至1971年，新中国陆续与数十个国家建立了外交关系，恢复了中国在联合国的合法席位。

1972年2月，美国总统尼克松率团访问中国。这是美国在任总统第一次访问中国，也是美国总统第一次对一个还没有建立正式外交关系的国家进行访问。当尼克松从专机上沿着舷梯走下，离地面还有几步远的时候，他就伸出了手，快步迎向正在等候的周恩来总理。在热烈的掌声中，尼克松与周恩来的手握在了一起。尼克松的破冰之旅和中美《联合公报》的发表，标志着中美关系正常化进程的开始，也是中国国际地位提高的重要表现。

▲ 周恩来在北京首都机场迎接尼克松

新中国在国内建设和国际交往方面所取得的重要成就，为在新的历史时期开创中国特色社会主义道路提供了宝贵经验、理论准备和物质基础。1978年底，中国共产党十一届三中全会召开，作出改革开放的伟大决策。在中国共产党的正确领导下，中国以农村改革为突破口，逐步建立社会主义市场经济体制，加强依法治国，探索出一条符合中国国情的发展道路。中国特色社会主义道路激发了中国人民的活力和创造力，国民经济和社会发展迈上新台阶。2010年，中国的国内生产总值跃居世界第二位。

▲ 中共十一届三中全会会场

2012年11月，中国共产党第十八次全国代表大会召开，标志着中国特色社会主义进入新时代。2020年，中国全面建成小康社会，历史性地解决了绝对贫困问题。中国取得历史性成就、发生历史性变革，彰显了中国特色社会主义的强大生机与活力，中华民族迎来了从站起来、富起来到强起来的伟大飞跃。

科学社会主义在二十一世纪的中国焕发出新的蓬勃生机。中国式现代化为人类实现现代化提供了新的选择，创造了人类文明新形态。中国特色社会主义理论和实践深化了对人类社会发展规律的认识，为世界共产主义运动积累了重要经验，为发展中国家的建设提供了重要借鉴，为维护世界和平、促进人类文明进步提供了重要力量。

学习探究

查阅资料，谈谈中国特色社会主义建设的世界意义。

拓展阅读

邓小平论社会历史发展

封建社会代替奴隶社会，资本主义代替封建主义，社会主义经历一个长过程发展后必然代替资本主义。这是社会历史发展不可逆转的总趋势，但道路是曲折的。资本主义代替封建主义的几百年间，发生过多少次王朝复辟？所以，从一定意义上说，某种暂时复辟也是难以完全避免的规律性现象。一些国家出现严重曲折，社会主义好像被削弱了，但人民经受锻炼，从中吸取教训，将促使社会主义向着更加健康的方向发展。因此，不要惊慌失措，不要认为马克思主义就消失了，没用了，失败了。哪有这回事！

——《邓小平文选》第三卷

第21课
殖民体系的瓦解与新兴独立国家的发展

印度曾经是英国殖民地中面积最大、人口最多的地区，被称为“英王王冠上最明亮的宝石”。二战后，印度民族解放运动高涨，英国无法继续维持原有的殖民统治方式，转而采取“分而治之”的政策。1947年，英属印度被一分为二，分别成立印度和巴基斯坦自治领。20世纪50年代，印度共和国和巴基斯坦共和国先后成立。

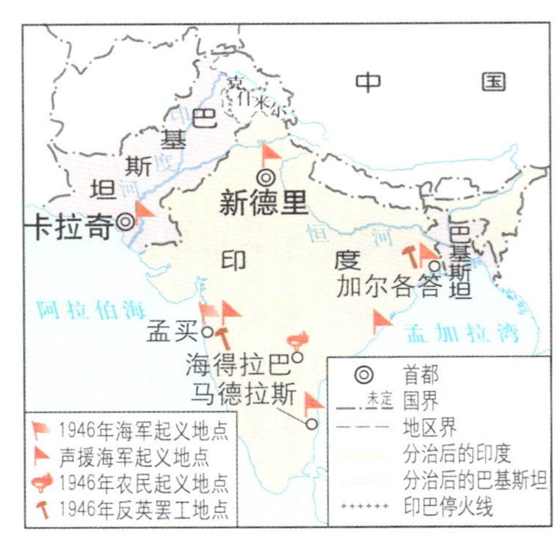

印度独立运动和印巴分治示意图

殖民体系的崩溃

1960年2月，英国首相麦克米伦访问南非。2月3日恰好是南非联邦成立50周年纪念日，麦克米伦走进旧开普敦殖民地议会大厅，开始了他那场著名的演说：“变革之风已吹遍这个大陆，不管我们喜不喜欢，民族意识的这种增长是个政治事实。我们必须承认这是事实，并且在制定国家政策时把它考虑进去。”

第二次世界大战结束后，众多殖民地纷纷独立。独立浪潮始于南亚和东南亚，继而席卷西亚、北非，最后向撒哈拉以南的非洲扩展。仅1960年，非洲就有17个国家独立，这一年被称为“非洲年”。至20世纪70年代中期，殖民地大多已经独立，剩下的一些殖民地到

80年代也基本独立。1945—1990年，全世界有90多个国家摆脱了殖民统治或依附国的地位，殖民体系崩溃。

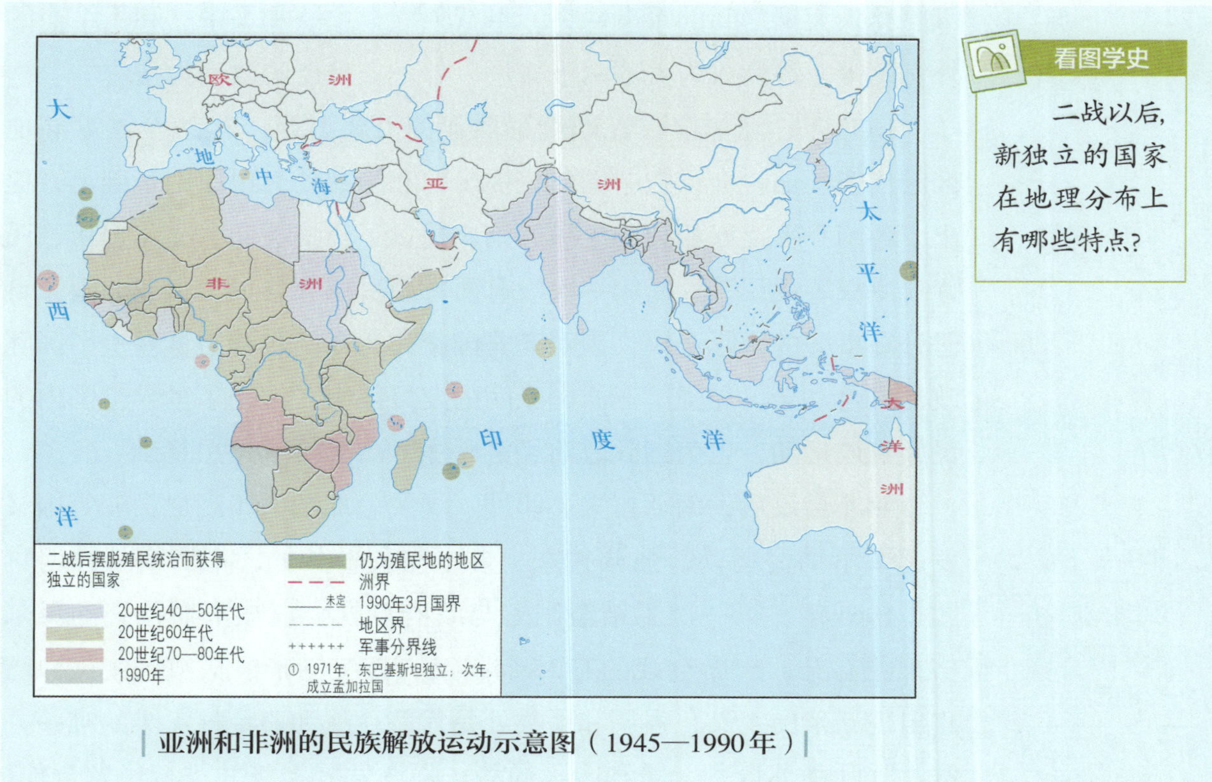

| 亚洲和非洲的民族解放运动示意图（1945—1990年）|

看图学史

二战以后，新独立的国家在地理分布上有哪些特点？

殖民地和半殖民地人民的抗争是殖民体系崩溃的主要原因。自近代欧洲资本主义国家向外扩张以来，反对殖民主义的民族解放运动就从未停息。二战以后民族解放运动更是此起彼伏，既有罢工、罢课、游行示威、议会斗争、寻求国际支持等和平方式，也有武装斗争。此外，二战对殖民帝国实力的削弱、社会主义运动的发展、西方国家自身反殖民主义力量的增长，也加快了殖民体系的瓦解。

历史纵横

越南抗法抗美战争

二战后，胡志明领导的越南共产党在北部建立越南民主共和国，法国、美国在南部扶植傀儡政权。在中国、苏联的援助下，越南民主共和国在1954年取得对法战争的胜利，1973年又迫使美国停止侵越战争，两年后解放了南方，统一了全国。

发展中国家国际影响的扩大

殖民体系崩溃后，新兴独立国家和其他发展中国家迫切需要和平的国际环境，以巩固民族独立，发展国家经济。它们反对美苏冷战，不愿卷入大国之间的军事冲突，奉行独立自主、和平中立和不结盟的外交政策，逐渐成为美苏两极格局以外一支重要的政治力量。

1955年，亚非会议在印度尼西亚的万隆召开，有29个国家和地区派代表参加。会议在中国代表提出的和平共处五项原则基础上，提出了各国和平友好相处的十项原则，通过了经济援助、文化合作、民族自决权等决议。这是第一次没有西方殖民国家参加、由亚非国家自己处理事务的国际会议，表明亚非国家作为新的政治力量登上了国际政治舞台。会议加强了亚非国家间的友好往来，推动了世界范围内的民族解放运动，也为国际政治经济秩序变革提供了思想基础。

思考点

为什么发展中国家要奉行不结盟的外交政策？

亚非会议后，南斯拉夫、印度、埃及、加纳、印度尼西亚等国又发起了不结盟运动，强调独立、自主与和平共处，不依附于任何集团。1961年，第一次不结盟国家与政府首脑会议在南斯拉夫的贝尔格莱德召开，出席会议的有25个国家。会议主张根除殖民主义，防止出现新殖民主义；强调和平共处是代替冷战和避免核灾难的唯一办法，呼吁美苏谈判、缓和国际局势；强调发展经济并进行经贸合作。此后，不结盟运动会议持续召开，影响日渐扩大。

人物扫描

恩克鲁玛，被称为“加纳国父”，不结盟运动的创始人之一。他出生于金匠家庭，后赴西方学习。1947年，他回到黄金海岸领导抗击英国殖民当局的斗争，多次被捕入狱。1957年非洲的黄金海岸以和平方式获得独立，改名加纳，恩克鲁玛任领导人。1966年，恩克鲁玛政权在军人政变中被推翻。

1957年恩克鲁玛（1909—1972）在国庆典礼上向支持者挥手致意

1968年，科威特、利比亚、沙特阿拉伯创建阿拉伯石油输出国组织。随后，其他产油国陆续加入，成员国增加至11个。该组织的石油蕴储量占世界一半左右，产量约占世界总产量的三分之一。1973年10月的中东战争中，这些国家以石油为武器，广泛采取减产、禁运、提价、国有化等措施，对支持以色列的西方国家展开斗争，从而触发了石油危机。美国因缺油不得不减少航班，西欧、日本甚至被迫改变了在阿以冲突问题上的立场，对阿拉伯国家采取更公正的态度。石油斗争的胜利，是发展中国家国际影响扩大的又一个具体表现。

历史纵横

阿以冲突

1947年联合国通过决议，决定结束英国在巴勒斯坦地区的委任统治，成立犹太国和阿拉伯国两个国家。大量犹太人移居巴勒斯坦地区，加剧了与阿拉伯人之间的矛盾。阿拉伯人认为，犹太人在阿拉伯区域内建国是侵略行为。1948年，以犹太人为主体民族的国家以色列建国，阿拉伯国家组成联盟对以色列开战，但在欧美国家的支持下，以色列取得战争的胜利。此后，阿以之间又爆发多次军事冲突，造成了时至今日仍未解决的地区热点问题。

发展中国家的成就与困难

科特迪瓦于1960年独立后，政局稳定，政府制定了优先发展农业、推动国民经济高速增长的发展战略。20世纪六七十年代，科特迪瓦国内生产总值平均年增长率超过7%，成为撒哈拉以南非洲经济发展较快的国家之一，被称为“西非经济橱窗”。

像科特迪瓦一样，战后摆脱了殖民统治的新兴独立国家以及其他发展中国家，都努力探索适合本国国情的经济发展道路。拉美国家最初依赖蔗糖等初级农产品的出口，后陆续建立本国的工业体系，至20世纪80年代，转而发展外向型经济。东亚、东南亚和南亚的国家或地区，重视工业化和城市化，重视人才的培育。西亚国家多拥有丰富的石油资源，独立后实行国有化政策，通过石油出口支撑经济发展。非洲国家为振兴民族经济，进行土地改革，实行国有化或本地化政策，制定经济发展计划，建设大型基础设施工程和现代工业。

▲ 新加坡老照片

▲ 现代化的新加坡

发展中国家的经济建设取得显著成效。大多数拉美国家已成为中等收入国家。新加坡、韩国、海湾国家等实现了经济腾飞。1960—1975年，非洲国家工农业总产值增加了大约一倍。

但发展中国家也面临着很多困难。殖民主义时代遗留的边界纠纷和民族矛盾，造成一些地区持续动荡，恶化了当地的经济发展环境。人口增长过快、贫富差距加大、生态环境恶化等，成为发展中国家共同面临的难题。

发达国家的新旧殖民政策，是发展中国家发展困难的重要外因。它们操纵国际贸易和金融，压低农产品和原料价格，抬高工业品价格，为国际投资附加各种不合理条件，以获取高额利润。这种不平等的国际经济秩序严重损害了发展中国家的利益。部分发达国家还重拾殖民主义的政策，强力干预发展中国家的内政，如美国曾秘密颠覆伊朗的摩萨台政府，绑架刚果民主共和国领导人卢蒙巴，出兵占领多米尼加。

学习探究

结合所学，列表梳理发展中国家的建设成就与困难。

拓展阅读

南非种族隔离制度的终结

南非曾经是西方列强的殖民地，政权掌握在少数白人手中，对占总人口70%以上的有色人种长期实行种族隔离制度。南非全体居民被划分为白人、黑人、有色人、印度人四种身份，不同种族之间禁止通婚和杂居。南非当局还炮制所谓“黑人家园计划”，将大部分黑人赶出白人居住区，剥夺他们的国籍和合法权利。在跨种族政党非洲人国民大会的领导下，南非人民进行了长期斗争。1991年种族隔离制度被废除。1994年曼德拉当选为南非历史上第一位黑人总统，宣告了新南非的诞生。

▲ 曼德拉宣誓就任南非总统

第八单元
当代世界的基本面貌

当代世界正发生着深刻的变革。世界多极化、经济全球化、社会信息化、文化多样化深入发展，世界的联系空前密切。以电子计算机的普及、新能源的开发、航天科技的运用等为主要内容的现代科技革命蓬勃兴起；高科技产业在各国经济中愈加重要，推动产业布局和产业结构发生重大变化。然而，单边主义、保护主义、霸权主义、强权政治、恐怖主义等，对世界和平与安全的威胁上升，世界进入动荡变革期。当代世界面临的机遇与挑战，要求改进传统的国际秩序。中国倡导构建人类命运共同体，是在百年未有之大变局下为世界提供的中国智慧和中国方案。

通过本单元的学习，了解冷战结束后世界发展的特点以及出现的全球性问题；了解蓬勃发展的现代科技和产业；认识人类社会面临的机遇与挑战，理解和平、发展、合作、共赢是不可阻挡的历史潮流，树立构建人类命运共同体意识，共促全球的和平与发展。

第22课
现代科技革命和产业发展

2020年11月24日，长征五号运载火箭搭载着嫦娥五号探测器，在海南文昌航天发射中心成功发射。23天后，嫦娥五号携带月球表面样品返回地球，在预定区域安全着陆。中国成为继美国、苏联之后，第三个获取月球表面样本的国家。航天技术的兴起和发展，是现代科技革命的重要组成部分。

▲ 发射“嫦娥五号”探测器

现代科技革命

第二次世界大战以来，出现以电子计算机、自动化、新能源、航天技术、生物技术等为主要内容的现代科技革命。紧密联系的技术群涌现，科学、技术、生产之间的转化速度加快，科学研究的主体从过去的个人、团体发展到国家，甚至形成跨国协作。以电子计算机和互联网为代表的信息技术是现代高新技术的先导和核心。

二战期间，为快速计算弹道，美国成立了“弹道实验室”。经过两年多的研制，名为“埃尼阿克”的电子计算机在美国诞生。1945年12月，它开始计算实验室的第一道题目。经过改进，这台机器成为能进行各种计算的通用计算机，每秒可进行5 000次计算，比之前的运算器快了上千倍。

▲ 第一台通用电子计算机“埃尼阿克”

“埃尼阿克”是个庞然大物，共使用了1.8万个电子管、7万个电阻、1万个电容，占地面积近170平方米。

“埃尼阿克”的出现，开启了电子计算机时代。此后，随着技术的进步，电子计算机的成本逐渐降低，运行速度大大加快，功能不断加强。2017年，中国研制的“神威·太湖之光”超级计算机，最高计算速度达到每秒12.54亿亿次，当时居全球榜首。

随着电子计算机的普及，计算机网络系统建立起来。这一系统最早源于1969年美国军队的内部系统，后来向社会开放，发展为互联网。这种以资源共享为目的，通过数据通信通道将多台计算机连接起来的系统，如今已渗透于人类生活的各个方面，把人类带入信息时代。

机器人的广泛应用是战后自动化技术发展的重要体现。1962年，世界上第一个机器人问世。机器人能代替人在高温、剧毒、严寒、高空、深水等恶劣条件下工作，还具有识别、学习、决策的功能，为人类的生产生活提供了便利。

新能源是指煤炭、石油、天然气等传统能源以外的能源，如太阳能、风能、核能等。其中太阳能资源丰富、分布广泛又不污染环境，在20世纪70年代世界能源危机后，受到各国的普遍重视。中国在开发新能源方面走在世界前列，风电、太阳能发电规模持续多年保持世界第一。

20世纪50年代以前，人类的空间探索还局限在大气层内。1957年，苏联将一颗重80多千克的人造地球卫星送入太空。1961年，苏联成功发射了第一艘载人飞船。1969年，美国宇航员成功登陆月球。随着航天技术进一步发展，各类军用、民用卫星纷纷升空，多种空间探测器在太空中翱翔，可供科研人员长期工作的空间站也建立起来。1970年，中国第一颗人造地球卫星“东方红一号”发射成功。2021年10月16日，神舟十三号载人飞船与空间站完成自主快速交会对接，中国空间站开启有人长期驻留时代。

▲ 神舟十三号乘组航天员王亚平在中国空间站进行太空直播授课

人物扫描

加加林，苏联宇航员。二战时期，德国入侵苏联，年少的加加林曾多次目睹苏德空战，立志成为一名飞行员保家卫国。成年后，他加入苏联空军，后被选拔为宇航员。1961年，他乘坐宇宙飞船绕地球一周，成为世界上第一个进入太空的人。1968年，加加林因飞行事故不幸罹难。

◄ 太空首航胜利归来的加加林（1934—1968）

历史纵横

克隆羊“多利”

生物技术是现代科技革命的重要内容之一。20世纪70年代中期，无性繁殖（clone，音译为“克隆”）技术取得重要突破。1996年，英国科学家通过一只母羊的乳腺细胞，成功克隆出小羊，取名为“多利”。多利没有父亲，但有三个母亲：一个提供脱氧核糖核酸（DNA），一个提供卵子，还有一个负责代孕。它是人类第一次通过成年哺乳动物体细胞培育出的新个体，是遗传学的重大突破。但克隆技术也带来了道德与伦理问题。

▲ 克隆羊“多利”

产业结构的变化

美国分别于1986年和1991年与日本签订了两份协议，限制日本半导体产品对美国的出口，并要求日本扩大进口美国同类产品，强行为美国产品在日本的市场规定了20%的份额。尽管日本声称已经按照协议让美国取得相应份额，但美国仍然向日本收取巨额罚款。

随着现代科技革命的发展，与信息、新材料、新能源、生物制造、航空航天等技术相关，以相对高的研发投入和投资回报率为特征的高科技产业逐步发展起来。美日半导体冲突既反映了各国对高科技产品国际市场的争夺，也反映了高科技产业在各国经济中的重要性。

高科技的发展推动了产业布局的变化。从各国内部来说，旧的工业区多集中在拥有煤炭、钢铁、石油等资源的地区，而新工业区的出现，往往需要高科技人才及交通、环境等条件的支撑。如美国旧金山以南的电子工业基地“硅谷”，集中了大批的电脑、半导体生产商，产量占美国同类产品的90%以上。日本等国也纷纷建立科技城，发展高科技产业。就世界分布而言，发达国家着眼于发展微电子、机器人、航空航天、原子能、现代通信、新能源、新材料等“朝阳工业”，而将钢铁、一般化工、传统机械制造等高能耗、高污染的“夕阳工业”转移到发展中国家。

▲ 日本的筑波科学城

位于东京东北，是日本最大的科学研究中心，也是世界著名的高新技术园区。

现代科技革命促使各国产业结构发生了重大变化。第一产业、第二产业在国民经济中的整体比重和从业人口不断下降，第三产业的比重和从业人口大幅上升。

思考点

高科技的发展对产业结构产生了哪些影响？

看图学史

观察统计图，说一说中国三大产业有哪些变化。

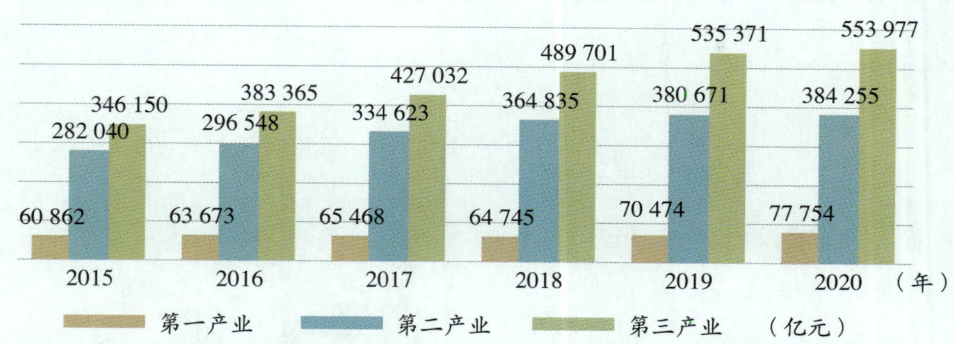

▲ 中国三大产业增加值统计图（2015—2020年）

中国深入实施科教兴国战略、人才强国战略、创新驱动发展战略，建设现代化产业体系。推动新型工业化，加快建设制造强国、质量强国、航天强国、交通强国、网络强国、数字中国，推动制造业高端化、智能化、网络化发展。推动战略性新兴产业群发展，构建新一代信息技术、人工智能、生物技术、新能源、新材料、高端装备、绿色环保等一批新的增长引擎。

科技革命和新兴产业的发展，对就业人口的文化素质和技术水平的要求大为提高，终身学习和职业培训日益重要。随着人工智能、大数据、云计算、物联网等为代表的新科技革命孕育兴起，人类社会开始进入一个全新的时代。

学习探究

谈谈现代科技革命对日常生活的影响。

拓展阅读

职业教育与终身教育的融合

职业教育与终身教育的融合，是二战后职业教育发展的一个重要特点。终身教育是一种涵盖人生各个阶段和生活各个领域，包括所有正规与非正规形式教育的综合统一的教育理念。这与职业教育所提倡的面向生活、面向实践的理念有共通之处。20世纪70年代美国兴起的生计教育运动，面向所有年龄段群体，使学员掌握维持自己及其家庭生计必要的技术。英国在2003年发布的白皮书中，明确要求取消职业教育与培训的年龄限制，宣布实施现代学徒制，使成年人也能得到参加在职培训并获得经费资助的机会。丹麦2006年制定的国家终身教育战略，明确提出了构建终身教育体制的目标，并特别强调职业教育在实现终身教育中的重要作用。现代职业教育的发展已经与终身教育理念紧密地融合在一起。

第23课
人类社会面临的机遇与挑战

1976年，科学家首次在非洲的扎伊尔和苏丹发现埃博拉病毒。此后，埃博拉疫情在非洲多次大规模地爆发，并传播到美欧等地。这种传染病以发热、出血、腹泻为主要临床特征，病死率最高可达90%。世界各国携手合作，成功控制了这种病毒的影响范围。

▲ 2014年8月中国政府援助抗击埃博拉疫情的医疗物资抵达塞拉利昂

当代世界发展的特点

当代世界正处于大发展大变革大调整的时期，世界多极化、经济全球化、社会信息化、文化多样化等趋势继续加强，人类社会面临的机遇与挑战并存。

冷战的结束带来两极格局的瓦解，美国作为世界上唯一的超级大国，希望凭借其强大的政治、军事、经济和科技力量，建立“单极世界”。它利用北约等国际组织，粗暴干预国际事务。1999年，北约在没有联合国授权的情况下，对南斯拉夫联盟共和国进行军事打击。1999年以来，北约多次东扩，至2022年6月，成员国增加至30个。

看图学史

冷战后加入北约的国家在地理分布上有什么特点?

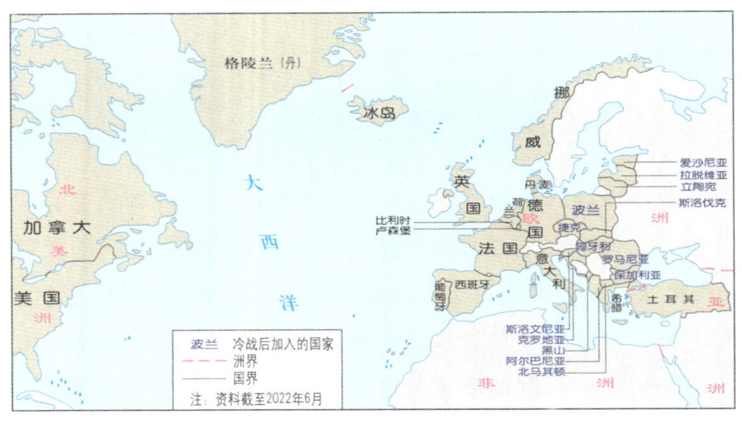

北约成员国示意图

与此同时，世界多极化趋势继续发展。中国、欧盟、俄罗斯等重要的国际力量，和美国一起构成了“一超多强”。发展中国家的总体实力增强，成为推动世界多极化的重要力量。

历史纵横

欧洲一体化

战后欧洲的联合始于1952年法国、联邦德国、意大利、荷兰、比利时、卢森堡成立的“欧洲煤钢共同体”。1958年，欧洲经济共同体、原子能共同体成立。1967年，三个机构合并成欧洲共同体。此后，欧共体不断扩容，内部的经济、政治合作不断加强。1993年，欧洲联盟（简称“欧盟”）正式成立。欧盟至2022年6月有27个成员国，是世界上一体化程度最高的区域性政治、经济集团。2020年，英国正式脱离欧盟，欧洲一体化进程受挫。

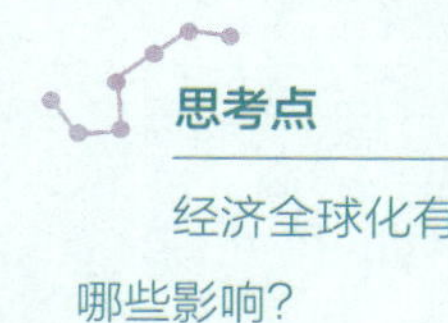

思考点

经济全球化有哪些影响？

20世纪90年代以来，经济全球化成为强劲的时代潮流。以高科技为基础的生产方式带来全新的国际分工体系，国际贸易空前扩大，国际投资遍及全球，国际金融市场活跃。跨国公司成为推动全球化的重要力量。2000年，全世界贸易量比1950年增加近100倍。

社会信息化，是利用以计算机为主的智能化工具，建立有组织的信息网络体系，促进信息交流和知识共享，提高经济增长质量，推动社会经济向高效、优质发展转型的历史进程。这一进程始于计算机和互联网的发明，20世纪七八十年代以来，随着信息技术的进步而蓬勃发展，成为不可逆转的时代潮流。

文化多样化深入发展。当代世界有200多个国家和地区、2 500多个民族、6 000多种语言。不同历史文化背景的人们，共同创造了丰富多彩的世界。各国都在努力维护自己的文化特性，维系自己的文化根脉。中国在传承和传播中华优秀文化的同时，尊重世界文化多样性，促进和而不同、兼收并蓄的文明交流，推动世界的和平与发展。

人类面临的全球性问题

本该鸟语花香的春天却没有鸟儿，正在玩耍的儿童突然死去，苹果树开了花却没有蜜蜂采蜜，水里的鱼儿死光了，路旁的植物焦黄、枯萎。这是1962年美国作家蕾切尔·卡逊在《寂静的春天》一书中描述的可怕场景。她指出了使用杀虫剂给环境带来的危害，认为它不应该叫杀虫剂，而应该叫“杀生剂”，环境污染将明媚的春天变得“死一般的寂静”。此书的出版，引发了各国对环境问题的警觉，成为世界环境保护运动的里程碑。

思考点

为什么会出现全球性环境危机?

环境问题从工业革命后开始凸显，二战后逐步形成全球性的环境危机，表现在全球变暖、酸雨、臭氧层变薄、水资源短缺、耕地面积减少、土地退化、森林破坏、海洋污染、物种减少等方面。以土地退化为例，自20世纪70年代以来，全球每年荒漠化的土地达到9 000万亩。沙漠已吞没40%的耕地，全世界有三分之二的国家受到荒漠化的威胁。

20世纪初，世界人口总数约16亿，到2020年已超过75亿。人口的快速增长，给有限的地球资源带来极大压力，对住房、教育、就业、社会保障等方面，都构成新的挑战。同时，人口的增长又极不均衡，一些国家出现了出生率过低和人口老龄化的问题。

在经济问题上，南北差距和贫富分化日益严重，影响着世界经济的健康发展。2014年，全球近40%的财富掌握在1%的人口手中，而50%的人口掌握的财富只占1%。经济全球化在创造更多财富的同时，增加了经济失控的风险。英国脱欧、美国单边主义外交等也加剧了逆全球化思潮的抬头，为世界经济发展增添了不稳定因素。

虽然和平与发展是不可阻挡的历史潮流，但战争的阴霾从未散去。进入21世纪以来，美国为维护霸权，联合其他西方国家对阿富汗、伊拉克、利比亚等国进行军事干涉，造成这些地区长期动荡；作为冷战的产物，北约的持续扩张对地区的和平与安全构成了严重威胁；因西方国家的干预，叙利亚等地的内战持续不断。区域性的战争造成了巨大的生命和财产损失，给当地人民带来了深重的苦难。霸权主义和强权政治是引发当今世界局部冲突的重要根源。

此外，单边主义、保护主义、恐怖主义、全球犯罪和核扩散，以及像埃博拉疫情、新冠疫情这样的全球公共卫生安全威胁，也对世界的和平与安全构成了严峻挑战。

历史纵横

二战后的国际治理机制

二战以后，国际社会在政治、经济等方面，建立了一系列国际组织和国际机制。1945年成立的联合国是当代世界最具影响力的国际组织，在缓和国际争端、维护地区和平、促进社会发展、推进殖民体系瓦解以及制定国际法等方面，发挥了重要作用。同年成立的国际货币基金组织、世界银行是协调世界经济运行的重要组织，它们与1948年开始运行的关税与贸易总协定一起，构成调节世界经济、金融和贸易的三大支柱。1995年，在关税与贸易总协定的基础上，成立了世界贸易组织，进一步促进了世界经济的发展。这些组织形成了二战后基本的国际治理机制，但面对各种全球性问题，如环境危机、贫富分化严重等，这些机制应对乏力，国际社会亟须新的治理理念。

构建人类命运共同体

随着国际力量对比出现近代以来最具革命性的变化，国际格局和国际体系正发生深刻调整，全球治理体系正在发生深刻变革。构建人类命运共同体，是面对世界百年未有之大变局，为解决人类面临的各种复杂问题贡献的中国智慧和中国方案。

▲ 2017年1月18日习近平在瑞士日内瓦万国宫发表《共同构建人类命运共同体》的主旨演讲

人类命运共同体，就是每个民族、每个国家的前途命运都紧紧联系在一起，应该风雨同舟，荣辱与共，努力把我们生于斯、长于斯的这个星球建成一个和睦的大家庭，把世界各国人民对美好生活的向往变成现实。中国国家主席习近平2013年初步提出构建人类命运共同体理念，此后不断予以完善。2017年1月，习近平在联合国日内瓦总部发表演讲。面对“世界怎么了、我们怎么办”这一时代之问，他提出要“构建人类命运共同体，实现共赢共享”，并系统阐述了人类命运共同体的理论内涵和目标路径，倡导建设持久和平、普遍安全、共同繁荣、开放包容、清洁美丽的世界。中国关注人类前途命运，始终坚持维护世界和平、促进共同发展的外交政策宗旨，致力于推动构建人类命运共同体。

人类命运共同体的建设是一个长期、复杂的过程，中国已率先身体力行。中国积极参与全球治理，继续发挥上海合作组织作用，有效维护地区安全。2013年，提出“一带一路”倡议，设立丝路基金，为相关国家共同繁荣搭建了合作平台。2019年，中国举办亚洲文明对话大会，积极倡导文明交流与互鉴。2020年，新冠疫情肆虐全球，中国在有效遏制国内疫情的同时，呼吁各国携手合作，构建人类卫生健康共同体，并向其他国家提供了大量抗疫物资。

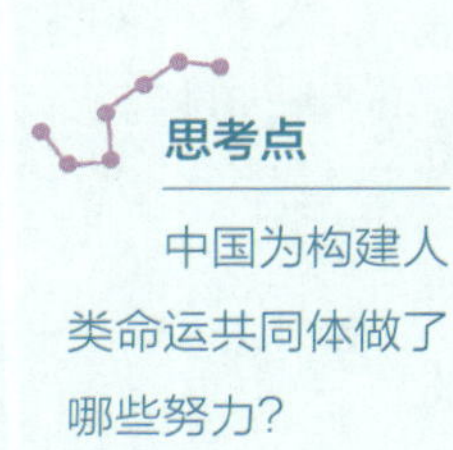

中国为构建人类命运共同体做了哪些努力？

构建人类命运共同体的理念得到国际社会的广泛赞同。2017年，它被写入联合国安理会决议，2018年又被写入中非合作论坛北京峰会、上海合作组织青岛峰会、中阿合作论坛部长级会议以及诸多双边高层交往的成果文件。正如第71届联合国大会主席所说，构建人类命运共同体“是人类在这个星球上唯一的未来”。

历史纵横

美国“单边主义”外交

近年来，美国政府采取“单边主义”的外交行动，对特定国家或地区采取破坏性措施，退出众多国际协议和国际组织。美国对华开展“科技冷战”，把一些中国高科技公司拉入“黑名单”，发动对华贸易战，片面加征关税，甚至挑拨周边国家与中国的关系。美国先后退出《跨太平洋伙伴关系协定》《伊核协议》《中导条约》《巴黎协定》，还退出了联合国人权理事会，取消对联合国人口基金会的援助，阻挠世界贸易组织的有效运转。美国政府的这些行动，不仅恶化了正常的双边关系，还影响了地区局势稳定，严重破坏了国际秩序。

学习探究

针对人类面临的全球性问题，请选择其中一个方面，谈谈你的建议。

拓展阅读

世界技能大赛

▲ 世界技能大赛标志

世界技能大赛是由世界技能组织举办的最高层级的世界性职业技能赛事，其竞技水平代表了各自领域职业技能发展的世界先进水平。第一届世界技能大赛于1950年在西班牙马德里开启。赛事通常每两年举办一届。截至2019年的第45届大赛，共设有运输与物流、结构与建筑技术、制造与工程技术、信息与通信技术、创意艺术与时尚、社会与个人服务等六大领域56个比赛项目。大赛对推动世界范围内的职业技能交流与提高起到重要作用。2011年，中国首次参加世界技能大赛。此后连续参加，至2019年第45届大赛结束，中国共派出179名代表，参与160个项目，获得43块金牌、32块银牌、23块铜牌。

活动课

从机器生产到智能制造
——迈向新型工业化的未来

科学发展与技术革新源自人类社会实践，又影响着人类社会的发展。马克思高度重视科学技术的作用，认为科学是历史的有力杠杆，是在历史上起推动作用的革命力量。邓小平提出“科学技术是第一生产力”，有力说明了科技创新与人类历史发展的关系。近代以来，人类经历了蒸汽时代、电气时代和信息时代。今天我们已进入了智能化时代。每一次科学技术的重大进步，都意味着生产力迈上了一个更高的台阶。

从科技创新的历史发展脉络中，我们可以看到，几乎每一次引起产业变革的重大创新都离不开杰出工匠的贡献。不同的历史阶段，工匠进行劳动和创新的方式虽不尽相同，但劳动者在挑战新技术、新产品、新工艺过程中所表现的执着专注、精益求精、一丝不苟、追求卓越的精神品质却一以贯之，这就是“工匠精神”。

无论是机械师瓦特历时多年对旧式蒸汽机进行一系列改良，制成“瓦特蒸汽机”，还是爱迪生在经历了数千次失败后终于发明白炽灯泡；无论是“两弹一星”的研制，还是嫦娥五号的发射，任何一项发明创造与技术革新都离不开从业者锐意进取、坚持不懈的追求。工匠精神推动了科学技术和工业制造的融合发展。

如今，我国正从传统制造走向智能制造，很多领域面临着前所未有的技术、工艺等挑战，需要各领域的工匠敢为人先、创新引领。只有拥有核心技术专利，才能真正实现知识与智力产权的自主，在国际舞台拥有更多话语权。只有通过技术技能人才的劳动和创新，才能将各种科技成果转化为现实的生产力。

党的二十大报告提出，中国要建设现代化产业体系，推进新型工业化，推动互联网、大数据、人工智能和实体经济深度融合。现代化产业体系的建设需要大量的高技能人才，这些大国工匠、能工巧匠是实现从中国制造到中国创造的重要力量。他们在工作中体现的劳模精神、工匠精神，是激励我们勇于创新砥砺前行的精神动力。在迈向制造强国的进程中，我们要担负起新时代的使命，锐意进取、勇毅前行。

活动主题

以“从机器生产到智能制造——迈向新型工业化的未来”为主题，通过自主学习、小组讨论、专题报告会、专题论坛等方式，加深对科技创新、工匠精神、中国智能制造等方面的认识与理解。

活动目标

（1）通过了解历次科技革命的主要成果和主要特征，认识科技革命对人类历史发展的重要作用。

（2）通过学习与研讨，认识科技创新与工匠精神的关系，理解时代赋予工匠精神的新内涵，进一步明确自己肩负的时代使命，形成尊重科学、敢于创新、锐意进取的人生态度。

活动过程和方法

步骤一

全班学生分工合作，搜集、整理蒸汽时代、电气时代、信息时代，以及智能化社会的相关资料，梳理发展脉络，了解历次科技革命的基本情况和主要特征。

步骤二

根据整理的内容，以“科技创新与工匠精神”为主题，分为若干小组，进行专题讨论。

步骤三

结合本专业的学习，走访相关的科技馆、博物馆、科研机构、高新技术经济产业开发园区、企业公司等，开展实地观摩、个案研究，了解行业发展前景。深入理解科技创新、科技强国与工匠精神的关系，撰写调研报告，并进行展示交流。

步骤四

（1）设想智能化社会，人们在日常生活中会有哪些新技术的应用场景，例如：数字化身份、智慧城市、无人驾驶汽车、机器人、物联网、3D打印等。

（2）展望在未来新技术革新中，自己所学专业会有哪些变化，在云计算、机器人、工业互联网有机融合的未来，职业学校学生将面临怎样的机遇与挑战。

（3）以“从机器生产到智能制造——迈向新型工业化的未来”为题，畅想未来并编写手抄报，开展手抄报比赛，优胜者向全班同学展示汇报。

活动拓展

以多种方式展示本班的研究成果，如绘制板报、制作网页、制作相关的应用软件、召开班与班的成果交流会、校际交流等。将全班的研究成果汇总，装订成册，存档保管。

附　录

世界历史大事年表

时间	事件
约公元前9千纪	农业开始出现
约公元前4千纪后期至前3千纪中后期	古代西亚、埃及、中国、印度文明兴起
公元前18世纪	汉谟拉比统一两河流域
公元前8—前6世纪	希腊城邦兴起
公元前6世纪中后期	波斯帝国兴起
约公元前509年	罗马共和国建立
约公元前508年	克里斯提尼改革
公元前221年	秦统一中国
公元1—2世纪	罗马帝国繁荣
约公元2世纪	阿克苏姆王国开始兴起
7世纪前期	阿拉伯半岛统一
646年	日本开始大化改新
8世纪	阿拉伯帝国形成
800年	查理在罗马加冕为皇帝
10—12世纪	西欧城市和大学兴起
12世纪末	日本建立幕府政治
14世纪初	文艺复兴开始
14世纪前期	曼萨·穆萨统治马里王国
15世纪中后期	印加帝国形成
1492年	哥伦布首次到达美洲
1517年	宗教改革开始
1522年	麦哲伦船队完成第一次环球航行

续表

时间	事件
1640年	英国资产阶级革命开始
1689年	英国议会通过《权利法案》
18世纪	启蒙运动在法国进入高潮
1775年	北美独立战争开始
1785年	瓦特成功改进蒸汽机
1789年	法国大革命爆发
1810年	拉美独立战争全面开始
1821年	英国创办爱丁堡工艺学校
1848年	《共产党宣言》发表，马克思主义诞生
1857年	印度民族大起义爆发
1861年	美国南北战争爆发
1864年	第一国际成立
1868年	日本明治维新开始
1870年	意大利完成统一
1871年	德国完成统一 巴黎公社成立
19世纪70年代	实际可用的发电机问世
1896年	埃塞俄比亚击败意大利侵略军
19世纪末20世纪初	资本主义世界殖民体系形成
1914—1918年	第一次世界大战
1917年	俄国十月革命胜利
1919年	《凡尔赛条约》签订
1921年	华盛顿会议召开
1922年	苏联成立

续表

时间	事件
1929年	世界经济大危机爆发
1931年	九一八事变，日本发动侵华战争
1933年	美国开启“罗斯福新政” 德国建立纳粹政权
1939年	第二次世界大战全面爆发
1941年	日本偷袭珍珠港
1942年	反法西斯国家共同签署《联合国家宣言》
1943年	中美英发表《开罗宣言》
1945年	第二次世界大战结束 联合国、国际货币基金组织、世界银行成立 第一台通用电子计算机诞生
1947年	美苏冷战爆发
1948年	关税与贸易总协定运行
1949年	中华人民共和国成立
1955年	万隆会议召开
1957年	苏联发射第一颗人造地球卫星
1960年	“非洲年”
1989—1991年	苏联解体、东欧剧变
1993年	欧盟成立
1995年	世界贸易组织成立
2001年	上海合作组织成立
2013年	中国初步提出人类命运共同体理念
2020年	英国脱离欧盟 世界人口超过75亿

后 记

本教科书由教育部组织编写，经国家教材委员会审核通过。

国家教材委员会历史学科专家委员会和思想政治审议专家委员会委员及相关专家，对教科书的编写与修改完善进行了悉心指导和严格把关。北京市、内蒙古自治区、辽宁省、浙江省、山东省、河南省、湖南省、四川省、云南省、青海省、新疆维吾尔自治区等地教育行政部门、教研部门及部分学校参与了试教试用，提出了很好的意见建议。同时，教科书还征求了中华职业教育社、中国职业技术教育学会等单位以及广大教研员和一线教师的意见。

高等教育出版社承担了教科书的编辑出版工作，在组织编写、编辑加工、制作印刷以及试教试用等方面给予了大力支持。中国地图出版社教材出版分社为教科书精心编绘了历史地图，中国图片社、中国国家博物馆等机构提供了图片资料。对教科书的编写、出版提供帮助的同仁和社会各界朋友还有很多，在此一并表示诚挚的谢意。

期盼广大师生、家长提出宝贵意见，我们将集思广益，对教科书不断修订完善。

联系方式
电　　话：400-810-0598
电子邮箱：zzsjls@pub.hep.cn

编　者
2023年8月

郑重声明